残疾人高等教育支持保障服务探究

CANJIREN GAODENG JIAOYU ZHICHI BAOZHANG FUWU TANJIU

佘 丽 / 著

湘潭大学出版社
XIANGTAN UNIVERSITY PRESS

前　言

残疾人高等教育是我国高等教育的重要组成部分，是教育公平在高等教育领域的体现。“稳步发展高等特殊教育”是特殊教育第一期与第二期行动计划及“十四五”特殊教育发展提升计划的重要举措。前期实践经验表明，支持保障服务是促进残疾人高等教育公平，优化残疾人高等教育结构的必由之路。本研究立足实证研究，采取量化研究和质性研究相结合的研究方法，基于支持保障服务的直接参与者（包括教师和残疾学生）对残疾人高等教育支持保障服务感知、理解的视角对残疾人高等教育支持保障服务展开系统研究，以期构建出响应新时代发展、顺应融合教育趋势、符合残疾学生多元发展需求的支持保障服务，从而为助推残疾人高等教育做好理论与实践支撑。

本书绪论部分，阐述研究缘由与时代背景，指明健全残疾人高等教育支持保障服务的重要性。第一章，阐述国内外残疾人高等教育发展现状。第二章，阐述国内外残疾人高等教育支持保障服务发展概况。第三章与第四章进行实证研究，立足本土情境，从教师视野与残疾学生视野分别对残疾人高等教育支持保障服务进行调研，也就是从支持保障服务提供者和被服务者双向维度揭示残疾人高等教育支持保障服务发展现况、突出问题及内在需求。全书最后作结论与展望，总结理论研究与实证研究结果，基于结果提出完善残疾人高等教育支持保障服务建议。

本书在调研过程中得到了特殊教育领域，特别是残疾人高等教育领域专家学者、高校教师、残疾学生的大力支持，在此表示诚挚感谢。本书在编写过程中参考引用了国内外残疾人高等教育领域相关研究成果，这样既能为资料的来源提供依据，又便于阅读者学习参考，由衷感谢所有研究者提供的知识智慧。对因疏漏未列入注释及参考文献中的作者表示诚挚歉意。希望本书的出版有助于更多研究者和实践者关注残疾人高等教育，为深入探讨支持保障服务，进一步保障残疾大学生教育权益献力。

目录

绪论

残疾人高等教育是视觉、听觉及肢体等残疾者所接受的高等教育，也是残疾人实现自主自强、走向共同富裕的关键环节。残疾人高等教育的出现是人类政治、经济、文化发展的必然结果。1948 年联合国《世界人权宣言》宣布：“人人都有受教育的权利，高等教育应根据成绩对一切人平等开放。”① 1990 年联合国大会通过《儿童权利公约》，规定残疾儿童享有接受特殊待遇、教育和照管的权利，缔约国应保障残疾儿童有接受高等教育机会②。2006 年联合国通过《身心障碍者权利公约》（*Convention of The Rights of Persons with Disabilities*，*CRPD*），宗旨是确保残疾人平等地享有人权和自由，尊重残疾人的尊严，要求保障残疾人享有受教育权利，在各级各类教育中实行融合性教育制度从而充分开发其潜能③。2009 年联合国教科文组织在以“促进社会变革与发展的高等教育及研究新动力”（The New Dynamics of Higher Ed-

① United Nations. Universal Declaration of Human Rights [EB/OL]. (1948-12-10) [2023-04-28]. https://www.ohchr.org/en/human-rights/universal-declaration/translations/english.

② United Nations. Convention on the Rights of the Child [EB/OL]. (1990-09-02) [2023-04-28]. https://www.ohchr.org/en/instruments-mechanisms/instruments/convention-rights-child.

③ United Nations. Convention on the Rights of Persons with Disabilities [EB/OL]. (2006-12-12) [2023-04-28]. https://www.ohchr.org/en/instruments-mechanisms/instruments/convention-rights-persons-disabilities.

ucation and Research for Societal Change and Development）为主题的国际会议上呼吁高等教育肩负起社会责任，明确指出“入学机会与公平”“效率与效能”“质量与关系”是21世纪高等教育发展方向，且将保障弱势族群入学机会与教育公平作为高质量发展重要标志。为积极响应联合国宣言，维护残疾群体教育权益，我国政府通过颁布特殊教育相关政策法令、制定残疾人高等教育目标、部署残疾人高等教育任务等措施积极推进残疾人高等教育健康发展。事实上，我国历来重视残疾人高等教育。1985年，《关于做好高等学校招收残疾青年和毕业分配工作的通知》指明：“残疾考生（指肢体残疾）病情不继续恶化，生活能自理，不影响所报专业的学习及毕业后所从事的工作者，高等学校应从考生实际出发……在全部考生德智条件相同的情况下，不应仅因残疾而不予录取。”① 这项通知强调应保障生活能自理、有条件的肢体障碍学生接受高等教育的权利。同年，山东滨州医学院招收肢体障碍学生。1987年，长春大学设立特殊教育学院，成为第一所开展视力、听力、语言和肢体障碍者高等教育的综合性特殊教育高校②。同年，北京大学招收21名肢体障碍学生，次年又有11名残疾学生考入该校③。1991年天津理工大学开始招收聋人。1993年南京盲人联合大学出现。1995年辽宁师范大学率先在师范院校招收盲、聋学生随班就读。21世纪初，北京联合

① 教育部、国家计划委员会、劳动人事部、民政部关于做好高等学校招收残疾青年和毕业分配工作的通知［J］. 中华人民共和国国务院公报，1985，(08)：190-191.

② 张玉双，王爱国. 视障生与健全生大学英语学习策略的比较研究［J］. 中国特殊教育，2006，(04)：35-38.

③ 麻一青，孙颖. 残疾人高等教育现状及发展对策［J］. 中国特殊教育，2012，(07)：19-24.

大学、西安美术学院、重庆师范大学、郑州工程技术学院、上海应用技术学院等高校陆续开设特殊教育学院招收残疾学生[①]。2017 年，中国残疾人联合会选取四川大学、武汉理工大学、北京联合大学、南京特殊教育师范学院、长春大学、郑州工程技术学院六所高校开展残疾学生高等融合教育试点工作，积极探索残疾人高等融合教育模式。澳门特区第 11/91/M 号法令第 28 条规定："政府应创造条件保障残疾学生平等接受高等教育的机会，为此政府应设立助学金，包括贷学金、奖学金、住宿津贴和启程旅费津贴等。"[②] 1996 年，澳门特区《特殊教育制度》规定："特殊教育优先以融合教育方式实行，辅以与个人教育需要相符的个别教学计划。"[③] 2006 年《非高等教育制度纲要法》规定："维护儿童受教育权利，澳门特区有责任建立合适的机制来推动教育机会实际平等。"[④] 为更好地确保残疾学生享有接受高等教育的平等机会，澳门特区认为高等教育机构应采取多项必要措施维护其教育权益，主要包括：制定残疾学生入学政策，为他们提供特别的入学安排；成立残疾学生政策及服务委员会，定期检讨院校的相关政策与设施，努力提高大众对残疾人的关怀和照顾；编制残疾人服务网页，宣传残疾人入学政策和服务；提供配备特殊软件的计算机，以便视障学生听读电子资料；组织学生服务大

---

① 黄伟．我国残疾人高等教育公平研究［J］．中国特殊教育，2011，（04）：10-15.

② 澳门特别行政区政府印务局．第 11/91/M 号法令澳门教育制度［EB/OL］．(1991-08-29)［2023-04-28］．https：//bo. io. gov. mo/bo/i/91/34/leill_ cn. asp.

③ 澳门特别行政区政府印务局．第 33/96/M 号法令澳门教育制度［EB/OL］．(1996-07-01)［2023-04-28］．https：//bo. io. gov. mo/bo/i/96/27/declei33_ cn. asp.

④ 澳门特别行政区政府印务局．第 9/2006 号法令澳门教育制度［EB/OL］．(2006-12-26)［2023-04-28］．https：//bo. io. gov. mo/bo/i/2006/52/lei09_ cn. asp.

使为障碍学生提供各类协助；建设无障碍通道、洗手间、升降机、凸字牌等便利障碍者的设施[①]。香港特区同样指明残疾人应在不受歧视和机会均等的情况下享有高等教育、职业培训、成人教育和终身学习等权利。为了实现这些权利，残疾人教育机构应采取以下措施，包括：1. 残疾人不因障碍而被排拒于普通教育系统之外；2. 残疾人在自己生活的社区内入读融合教育学校，并得到适合、有效支持；3. 提供手语、凸字和其他沟通媒介学习及定向行走等技能训练；4. 采用残疾人惯用的语言交流方式，向视障、听障或视听障人士提供适宜的教育；5. 宣传听障人士的语言特性及其他残疾人的沟通方法[②]。中国台湾地区亦规定所有高等教育机构应向不同障碍类型的学生开放，一方面在入学机会上提供残疾学生单独入学通道确保该群体入学机会公平，另一方面在入学后提供生活、学习、社交、职业等方面服务确保该群体教育过程公平。21 世纪以来，政治、经济、文化改革的发展再次引起我国政府和社会各界对特殊教育包括残疾人高等教育的高度重视。我国政府通过颁布或修订各项法令稳步发展残疾人高等教育事业。《国家中长期教育改革和发展规划纲要（2010—2020）》提出重视发展残疾人高等教育[③]。2017 年《第二期特殊教育提升计划（2017—2020 年）》设定到 2020 年非义务教育

① 中国澳门特别行政区社区工作局.《残疾人权利公约》[EB/OL].[2024-04-29]. https://www. ias. gov. mo/zh/multimedia-information/the-convention-on-the-rights-of-persons-with-disabilities.

② 中华人民共和国香港特别行政区政府劳工及福利局.《残疾人权利公约》[EB/OL].(2008-08-31)[2024-04-29]. https://www. lwb. gov. hk/sc/highlights/UNCRPD/scindex. html.

③ 教育部. 国家中长期教育改革和发展规划纲要(2010—2020 年)[EB/OL].(2010-07-29)[2024-02-29]. http://www. moe. gov. cn/srcsite/A01/s7048/201007/t20100729_171904. html.

阶段特殊教育规模显著扩大的总体目标，提出加快发展非义务教育阶段特殊教育的主要措施[①]。《残疾人教育条例》、《残疾人参加普通高等学校招生全国统一考试管理规定》、《无障碍环境建设条例》等相关政策和法令在入学管道、考试制度、课程与教学、无障碍建设、师资队伍等方面规范了残疾人高等教育的实施。如此，残疾人高等教育在各地开花。截至 2011 年，开办各类特殊教育的高校增长到 33 所，基本建立了以专科为主，本科、硕士研究生、博士研究生层次为辅的高等特殊教育体系，其中 16 所高校以残疾人高等教育为主，单独招考特殊学生的高校达到 18 所，大部分普通高校都有特殊学生在读[②]。金陵科技学院、上海应用技术学院、广州大学、西安美院、浙江职业教育技术学院、福州职业技术学院、南宁职业技术学院、南京中医药大学、广州中医药大学等高等学校成为招收残疾人的院校，华东师范大学、重庆师范大学、郑州师范学院、乐山师范学院等学校承担发展特殊教育专业和残疾人高等教育双项任务，招收不同障碍类型的残疾学生入读。目前残疾人高等教育成为特殊教育和残疾人事业发展的重要组成部分，逐渐形成了以特殊教育学院（系）为骨干，以随班就读为主体，成人教育与远程教育为辅的发展格局[③]。残疾人高等教育的蓬勃发展见证了改革开放几十年来残疾

① 教育部，国家发展改革委，民政部，等．教育部等七部门关于印发《第二期特殊教育提升计划（2017—2020 年）》的通知［EB/OL］．（2017－07－28）［2024－02－29］．http：//www. moe. gov. cn/srcsite/A06/s3331/201707/t20170720_309687. html.

② 刘建岭．高等特殊教育均衡发展探析［J］．教育科学，2012，28（01）：66－70.

③ 黄伟．我国残疾人高等教育公平研究［J］．中国特殊教育，2011，（04）：10－15.

人事业发展取得的辉煌成绩①。2021 年教育部等部门颁布《“十四五”特殊教育发展提升行动计划》提出：“稳步发展高等特殊教育，加强高校特殊教育学院建设，增设适合残疾学生就读的相关专业，完善残疾学生就读普通高校措施。”② 推进残疾人高等教育持续、健康发展是特殊教育现代化的内容，也是保障万千残疾人享受公平教育权益的重要途径。

随着残疾人高等教育的持续发展，越来越多的残疾学生接受了高等教育。进入高等教育后，他们除了要面对大学环境变化所带来的生活、学习、人际交往等方面的挑战，还需要处理因身心障碍而衍生的社会适应问题。研究显示，残疾学生的大学适应结果并不理想，频繁出现学业困难、人际互动退缩、职业发展规划不足等问题③。建构完善、健全的社会支持保障服务有利于帮助包括残疾人在内的所有社会成员共享社会资源和成果，有效维护社会成员生活、学习、工作等基本权益，促进个体自由、充分、全面地发展。因此，有研究者主张建立完善的支持保障服务，充分调动各种资源满足残疾学生特殊教育需求，以帮助他们适应大学生活④。

支持是利用大量的资源和策略，包括金钱、辅助器具、无障碍环境等，让残疾人在普通社会中正常学习和生活。社会支持是

---

① 麻一青，孙颖．残疾人高等教育现状及发展对策［J］．中国特殊教育，2012，（07）：19-24.

② 国务院办公厅．国务院办公厅关于转发教育部等部门“十四五”特殊教育发展提升行动计划的通知［EB/0L］·（2022-01-25）［2024-02-06］．https：//www. gov. cn/zhengce/content/2022-01/25/content_ 5670341. htm.

③ 许天威，萧金土，吴训生．大专校院身障学生之学校适应状况之研究［J］．特殊教育学报，2002，（16）：159-198.

④ 安俊英．从支持性教育理论视角看视障人士考试系统的设计与应用［J］．北京教育（高教），2010，（06）：59-60.

运用物质或精神手段对社会弱势群体提供其所需服务。社会支持是指为个人提供必要的情感支持、工具性支持等支持，即他人如朋友、同事、亲属及邻居为个人所提供的社会情感帮助和信息帮助[①]，即是说社会中的个人通过社会网络获得各种资源支持（包括金钱、情感、信息、实物等）维持日常生活正常运行[②]。社会支持内容可以分为以下五种：1. 物质性支持，即提供服务或物质帮助他人解决实际的问题和困难；2. 情绪性支持，即向他人提供情感支持、鼓励，表达关心与爱意使人感到温暖、同情与信任；3. 尊重性支持，即了解肯定他人，在态度与价值观上给予支持；4. 信息性支持，即给予或提供信息、建议或指导；5. 同伴性支持，即与他人接触满足他人人际关系的需要，使其缓解压力，促进其积极心态的产生，这是一种通过正向社会互动达到个体身心健康的支持[③]。这五种支持归结为两类：一类是客观的、可见的或实际的支持，包括物质上的直接援助，社会网络、团体关系的实际参与，稳定或不稳定的社会联系的数量和获得的程度，这类社会支持独立于个体的感受是客观存在的现实；另外一类指个体在社会中受尊重，被支持、理解的情感体验和满意程度，这类社会支持与个体的主观感受有着密切关系[④]。残疾人社会支持体系则包含残疾人在其社会关系网络中所处的位置、与他

---

① 蔡禾．关注弱势：城市残疾人群体研究［M］．北京：社会科学文献出版社，2008.

② 贺寨平．国外社会支持网研究综述［J］．国外社会科学，2001，（01）：76-82.

③ 王雁飞．社会支持与身心健康关系研究述评［J］．心理科学，2004，（05）：1175-1177.

④ 王雁飞．社会支持与身心健康关系研究述评［J］．心理科学，2004，（05）：1175-1177.

人互动的程度、资源丰富的程度和残疾人获得有效资源的程度[①]。为建构残疾人社会支持体系，可从以下几个方面着手：1. 通过对政府、学校、家庭、亲友和邻里、社区、社团进行融合教育建设，形成融合教育实现的社会支持主体；2. 通过从政策支持、物质支持、权利支持、情感支持、信息支持等层面进行建设，形成融合教育实现的社会支持内容。3. 通过对支持主体与残疾人之间、支持主体之间等关系的构建，对支持行为进行有效的评价等，促进信息的交换，增强支持的效度，从而形成立体的社会支持网络[②]。由此可知，社会支持建构有两种建构方案：一种是强调功能性社会支持，即强调透过个体社会关系或网络获得各类帮助，包括政府、学校、家庭、社会、社区、个人等不同层面提供的支持。另一种是强调操作性社会支持，即强调支持的类型，其中有经济支持、情感支持、学术支持、生活适应支持、就业支持、辅助支持、无障碍环境支持等方面。

在残疾人高等教育领域，支持保障服务研究同样引起学界关注且集中在两个方面。

1. 关于支持保障服务内涵的界定。丁勇（2021）认为发展残疾人高等教育事业，首先，应当建立健全以政府为主导的支持保障服务，包括行政管理体制及运行机制、经费保障机制、监督约束机制和内部治理机制；其次，是在高校普遍建立残疾大学生学习专业支持服务，加强课程调整、学习指导、个别化教育、课外辅导、心理咨询、信息科技应用、辅助技术应用以及无障碍设

---

① 张承蒙，周林刚，牛原．内涵式增权与外生性赋能：社会资本视角下的残疾人社会支持网络构建［J］．残疾人研究，2020，(01)：72-80.

② 彭兴蓬．融合教育的价值追求及社会支持系统的建立［J］．教育研究与实验，2014，(03)：73-77.

施建设[①]。张宁生（2000）认为支持保障服务分为法律支持、社会支持和学校支持三个方面[②]。刘志丽、李晗静及许家成（2018）认为残疾人高等教育支持保障服务包括先进的理念、完备的法律与政策、充足的经费、高质量的师资、无障碍的环境、通用的课程与差异化的教学等[③]。刘金荣和周姊毓（2016）认为残疾人高等教育内的支持保障服务包括招生支持、就业支持、学业支持、环境支持、健全的综合管理支持及完备的事务支持等；高等教育外的支持保障服务包括进入高校教育前的基础教育准备支持、中等教育的衔接支持、高校毕业后就业支持及生活安置支持[④]。范莉莉等（2022）提出，为促进残疾学生在大学校园生活、学业成就、心理健康、职业发展等方面取得成功，残疾人高等教育支持保障服务应包括事务管理支持、学业支持和生活服务支持[⑤]。Christopher（2013）等将支持保障服务分为生活融入、学业成就、心理健康、职业发展等，并认为残疾学生积极使用支持保障服务有助于自我发展[⑥]。

综合多位研究者观点和本研究的目标，本研究界定并集中研究的残疾人高等教育支持保障服务主要是指高等院校为促进残疾

---

① 丁勇．我国残疾人高等教育发展的回顾与展望［J］．现代特殊教育，2021，(20)：3-13.

② 张宁生．残疾人高等教育研究［M］．沈阳：辽宁人民出版社，2000.

③ 刘志丽，李晗静，许家成．聋人高等融合教育的学习支持服务探究［J］．北京联合大学学报，2018，32（02）：79-83.

④ 刘金荣，周姊毓．残疾人高等教育的高校支持延伸［J］．现代特殊教育，2016，(01)：21-22.

⑤ 范莉莉，章彤，原溯．残疾人高等融合教育试点工作：成绩、挑战与展望［J］．现代特殊教育，2022，(04)：15-24.

⑥ Murray C，Lombardi A，Bender F，et al. Social support：Main and moderating effects on the relation between financial stress and adjustment among college students with disabilities［J］. Social Psychology of Education，2013，(16)：277-295.

学生在大学学习、生活、人际、职业等方面的发展，所提供的组织运作（包括行政管理和招生制度）、课程与学业、学校适应、转衔与就业、最少受限制环境（包括无障碍环境及辅助科技）等方面的支持保障服务。

2. 支持保障服务发展现况的研究：（1）在入学支持方面，田霖和韦小满（2015）指出20世纪80年代以来，多项法律法规对残疾人高考进行规范化管理，保障了残疾人参加高考的权利，但在高考的测验便利设计与使用、测验公平性保障等方面仍有一定的发展空间①。任伟宁等人（2018）对残疾人高等教育入学机会现状分析发现，残疾人高等教育入学总量、可选择就读的高校数量以及入学选择机会均有所增加②。丁勇（2021）指出在残疾人高考招生制度上我国实行双轨制，且随着普通高中阶段教育随班就读质量的逐步提高和高考政策的逐步实施，以及残疾人参加普通高考合理便利条件的保障，越来越多残疾人通过参加全国高考进入高校就读③。（2）在专业设置支持方面，左小娟和李元元（2016）研究残疾人专业设置情况发现，视障生的专业以触摸性强、实践性强、声音敏感的专业为主，听障生的专业集中于视觉感观要求较强的专业④。蒋小艳等（2022）通过对2015到2019年招收残疾人的22所特殊教育高等学校培养层次及开设专业情况进行调查研究，发现残疾大学生的专业种类逐渐增加，现已达

---

① 田霖，韦小满．我国残疾人参加普通高考的问题与对策［J］．中国特殊教育，2015，(11)：3-7+42.

② 任伟宁，孙岩，葛明明，等．残疾人高等教育入学机会现状分析及对策［J］．现代特殊教育，2018，(18)：19-25+30.

③ 丁勇．我国残疾人高等教育发展的回顾与展望［J］．现代特殊教育，2021，(20)：3-13.

④ 左小娟，李元元．我国残疾人高等教育发展及其专业设置情况［J］．湖北函授大学学报，2016，29（10）：38-40.

30余种，听障本科生艺术学专业学生数量最多，教育学和管理学次之，听障专科生的就读专业主要分布于文化艺术、电子信息、农林牧渔等；视障本科生主要就读于中医学、应用心理学、康复治疗学和音乐表演等专业，视障专科生的专业尤为单一，主要集中在医药卫生大类[①]。(3) 在支持保障服务感受性与需求性方面，蔡翮飞（2017）访谈13名残疾大学生得知，残疾大学生所获的支持保障服务有经济支持、学业支持、就业支持、社会交往和情感支持及无障碍环境支持[②]。龙艳林（2019）同样对残疾大学生开展调查，结果表明高等教育支持保障服务总体处于中等水平，且在入学与出行方面支持最高，而奖助学金方面支持最低。不同性别、招生类别、损伤类别以及不同专业的残疾大学生所获得支持保障服务情况存在差异[③]。王鑫和竹田一则（2020）采用问卷对视障大学生支持保障服务需求情况进行调查研究发现，有70%以上的视障大学生想去普通大学就读，其主要支持需求项目为对教材及资料的阅读格式转化需求，对就职活动的支持需求，对电脑以及周边软件、录音笔等学习辅具的需求[④]。王晶（2008）以长春大学、北京联合大学视障大学生作为研究对象，探讨支持保障服务需求程度和满意程度，结果显示视障大学生对于支持保障服务的需求达中等以上水平、支持保障服务的满意程度处于中等偏下水平，不同年级的学生对支持保障服务的需

① 蒋小艳，崔燕，戴玥．大数据视角下残疾人高等教育现状研究［J］．高教学刊，2022，8（09）：11-14+19.

② 蔡翮飞．残障大学生的教育支持：问题、影响因素及提升策略［J］．当代青年研究，2017，(04)：91-96.

③ 龙艳林，黄文桥，唐静，等．残障大学生高等教育支持状况的调查研究——以吉林省某高等特殊教育学院为例［J］．现代特殊教育，2019，(14)：23-30.

④ 王鑫，竹田一则．中国视障大学生的在校活动及支持需求研究［J］．残疾人研究，2020，(02)：66-74.

求和满意程度存在显著差异①。蔡翮飞和余秀兰（2022）对残疾大学生进行深入访谈发现，高校的学业支持主要包括关怀支持、学习支持、校园环境支持。当残疾大学生产生需求且所在高校能满足这些需求时，学业支持会对其学习参与产生正面影响；当学业支持和残疾大学生需求不匹配时，学业支持对其学习参与可能不会产生正面影响，甚至产生负面影响；学业支持对残疾大学生学习参与的影响有其相应的心理机制②。（4）在完善支持保障服务的策略与途径方面，研究者提出应研制支持保障服务落实细则及实施准则，在高校设置专门的残疾学生服务者职位，提高服务人员专业性，尽早让残疾学生熟悉服务种类及获得途径，进而提高服务质量③。或是利用现代科学技术创建虚拟的、全面性的支持保障服务，为所有学生提供随时、随地可使用的支持保障服务④。还可增加支持保障服务提供者与残疾学生之间的互动。支持保障服务提供者既要积极宣传支持保障服务，引导残疾学生主动认可残疾身份，加深对支持保障服务的认识，主动获取或利用服务，也要重视残疾学生在支持保障服务中的作用，在服务规划时听取残疾学生内在想法，在服务实施时关注残疾学生服务体验，在服务结束时收集残疾学生对服务的评价，并用以调整支持保障服务来满足不同类型及程度残疾学生需求。

---

① 王晶．视障大学生学校支持性服务的需求与满意度研究［D］．辽宁师范大学，2008.

② 蔡翮飞，余秀兰．高校的学业支持与残障大学生的学习参与［J］．青年研究，2022，(02)：62-71+96.

③ Heike B B. Disability and career services provision for students with disabilities at institutions of higher education in Japan：An overview of key legislation，policies，and practices［J］. Journal of Postsecondary Education and Disability，2017，30（1）：61-81.

④ Brenda D. Academic support services for college students with disabilities［J］. Journal of Applied Learning Technology，2015（5）：39-49.

通过对以上研究成果进行梳理发现：第一，研究者均认同残疾人高等教育的高质量发展离不开社会支持理念，在残疾人高等教育领域建构支持保障服务能够有效促进残疾学生在大学生活、学习成就、人际交往及职业发展等方面发展。第二，在研究方法上，多数研究是仅采用量化研究或质性研究方法探讨残疾人高等教育支持保障服务，综合量化研究和质性研究方法探讨残疾人高等教育支持保障服务成果偏少。第三，在研究对象上，多数研究是从支持保障服务提供者（教师）或者支持保障服务接受者（残疾学生）视野出发探究学校所提供的支持保障服务现况，基于支持服务直接参与者（包括教师和残疾学生）感知、理解支持保障服务的研究仍需深入。第四，在研究内容上，虽有听障或视障学生对支持保障服务的获得程度与需求程度的研究，但关于听障和视障学生支持服务获得程度与需求程度的共同研究较少，此外也较少涉及高等教育院校支持保障服务参与、体验过程的分析。残疾人高等教育的发展不仅能够有效落实教育公平和社会平等理念，更是让障碍者开发潜能、增长知识与技能、实现人生价值和体验幸福生活的有效途径。随着越来越多的残疾学生进入高校，残疾学生的多样性日益凸显。每个残疾学生的障碍类别、能力现况与发展需求各有差异，这无形增加残疾人高等教育服务的复杂性，也对残疾人高等教育的服务者所需具有的专业知识和技能提出了更高的要求，建构更加系统、完善的支持保障服务是为所有残疾人提供更加便利、适宜的服务，提升残疾人服务质量，助推残疾人高等教育高质量发展的重要途径。残疾人高等教育支持保障服务作为一种社会支持，其同样可被分为客观获得的支持保障服务和主观感受到的支持保障服务两类。社会支持指向其支持的人，是为了其所支持的人能够得到更好的发展。因此，支持保障服务的直接参与者（包括教师和残疾学生）主观感受到的支持保障服务无疑是残疾人高等教育支持保障服务发展水准和质量的一个更为重要的衡量指标。对当前研究成果进行的梳理表明，当前基于支持保障服务直接参与者感知、理解支持保障服务的研究仍需深入。因此，本书基于残疾人高等教育发展的时代背景，在梳理残疾人高等教育支持保障服务发展概况的基础上，深入教育现场开展实证研究，将支持保障服务提供者（教师）和支持保障服务的接受者（残疾学生）都作为研究对象，综合量化研究和质性研究方法对教师和残疾学生所感知、理解的支持保障服务进行调研，阐述支持保障服务是如何被教师和残疾学生所理解、思考及体验的，以此探讨支持保障服务发展现状、存在问题及未来发展趋势。最后，基于调研结果反思支持保障服务改进举措，以构建更完善、更符合残疾学生需求的支持保障服务帮助他们全面发展，顺利融入大学校园，进而促进残疾人高等教育可持续发展。

第一章　残疾人高等教育发展现状

一、国外残疾人高等教育发展现状

（一）美国残疾人高等教育发展现状

美国残疾人获得更多高等教育的机会源于《1973 年复健法案》（*The Rehabilitation Act of* 1973）。《1973 年复健法案》申明任何机构都不能因个体障碍减少其独立生存、自我决定、贡献社会、追求自由，以及在经济、政治、社会、文化、教育主流中享受的权益①，从而大大促进高等教育阶段残疾学生人数增长。1975 年国会通过《全体残障儿童教育法》（*Education for All Handicapped Children Act*，PL 94—142），提出为 3—21 岁残疾学生提供免费、适性、公立的教育服务，其所提出的个别化教育计划、无歧视评量、家长参与等重要规定为残疾儿童全面发展提供了积极保障。因应回归主流思潮，该法令于 1986 年通过《全体残障儿童教育法修正案》（*Education for All Handicapped Children Amendments*，PL99—457）进行修改，其中强调残疾人应接受适

---

① U. S. Department of Education. Section 504 of the Rehabilitation Act of 1973 [EB/OL]. [2023-04-30]. https://www.govinfo.gov/content/pkg/CFR-2020-title45-vol1/pdf/CFR-2020-title45-vol1-part75.pdf.

龄的学术内容教育、参与普通同龄人活动①，受益对象自然也包括成年残疾人。美国残疾人高等教育实践早已开展，美国高等教育机构均向不同类型的残疾学生开放，也有成立哥劳德大学、罗贾斯特理工大学等聋、盲高等教育学府专门招收聋、盲学生。哥劳德大学在1864年由联邦政府特许成立，是世界上第一所聋人私立综合性大学，也是一所专门为聋人设置本科、硕士及博士学位的大学。在本科阶段哥劳德大学为听障学生开设的专业为艺术、数字媒体、平面设计、摄影、商业、哲学、美国手语等，毕业后授予文学或理学学士学位；在研究生阶段，提供文学或理学硕士学位、博士学位，资格证书和特殊专长培训证书。本科生可以自主选择专业课程，称为“自我引导专业”，即他们可选择哥劳德大学任何系的课程，也可选择华盛顿地区其他14所大学的课程②。罗贾斯特理工大学下设的聋人工学院是全球最大的聋人理工学院，设有应用计算机技术、经济贸易、办公自动化技术、医疗保健、表演艺术等30多个专业。该学院以高质量的职业训练、创业教育、企业合作教育为特色。教育目标是培养学生的专业技术技能，因此若干研究和指导中心负责调查社会人才需求情况，及时把社会行业对人才数量和结构的需求汇报学校，学校根据经济、产业、工业的变化和雇佣条件调整专业方向或弹性设置课程。同时设有研究院，聘请专职教师针对聋人教育方法、手段及技术，聋人文化、手语展开研究。聋人进入工学院后先读专科，有2年制和3年制两种，经过专科学习后可以成为一名准学

① Kleinert H L, Jones M M, Sheppard-Jones K, et al. Students with intellectual disabilities going to college? Absolutely! [J]. Teaching exceptional children, 2012, 44 (5): 26-35.

② 韩梅，袁群，贾林，等. 美国聋人高等教育层次结构、经费结构分析——以加劳德特大学和美国国家聋人工学院为例 [J]. 绥化学院学报，2011，31 (04)：1-2.

士申请继续进行教育，但在这之前需在继续教育中心先进行 1 年的预科学习，学习重点是英语及科学，之后才正式进入学位教育。此外，符合条件的聋人学生可以在罗贾斯特理工大学的其他 8 个学院与健全学生一起攻读学位，且提供的专业选择比较广泛①。俄勒冈州立大学运用 TOPS 模式（Transition Options for Postsecondary Settings），旨在发展和加强高等教育课程的资源支持，以提高智力障碍学生的就业结果。智力障碍学生通过报名 TOPS 课程，在高校完成 2 年或 4 年的课程，其中 4 年制的学生在四个板块完成至少 120 个学时（平均每年为 30 个学时）的学习以获得大学毕业证书；2 年制的学生在四个板块完成至少 60 个学时的学习获得结业证书②。美国残疾人高等教育重视教育机会平等，提倡能力主义及地方分权，各大学在入学招生考试时具备单独招生自主性，可以自主决定招收的系所、名额和录取的学生。现行招生考试制度采取开放式申请，所有学生基于能力、兴趣及需要申请学校。主要的入学考试制度有：非选拔式入学制，即不经大学入学考试和严格筛选过程，符合最低条件者均可自由入学；综合选拔式入学制，为美国最具代表性和最主要的考试制度，主要包括高等学校入学考试成绩和其他入学条件的限制③。虽然各校入学制度略有不同，但基本上要求学生完成十二年的中小学教育并取得高级中学的毕业证书，多数高中生在毕业前的最

---

① 李强，鲍国东．中、日、美聋人高等教育模式的对比与借鉴［J］．比较教育研究，2004，(11)：37-40.

② Green J C, Cleary D S, Cannella-Malone H I. A model for enhancing employment outcomes through postsecondary education［J］. Journal of Vocational Rehabilitation, 2017, 46 (3): 287-291.

③ 于钦波，杨晓．中外大学入学考试制度比较与中国高考制度改革［M］．成都：四川教育出版社，2000.

后一年会提出申请，没有限制申请数量，主要是向所申请的学校递交一系列材料，包括公开考试的成绩证明、入学申请表格、自荐与推荐信等①。高中的学习成绩及名次、特定学科的学分、全国性成就测验及性向测验分数、推荐信以及大学所举办的口试的成绩是录取学生的考量因素。但全国性成就测验及性向测验所提供的标准化测验成绩并不是每个大学招生最重要的考量因素，有些学校更看重申请者的才能及推荐信。美国高等教育强调任何人不分年龄、性别、种族、障碍差异，只要符合申请学校基本要求则能接受高等教育，此外各大学针对少数民族和弱势群体配有保障名额。不过，虽然有保障措施，但是残疾人高等教育系统仍旧存在着由贫富悬殊、城乡差距、区域教育资源分配不均等因素所造成的教育入学机会不公平现象。由此，社会各界呼吁政府专门为高中阶段的残疾学生提供升学转衔计划帮助他们顺利参与高等教育。例如，建立双重招收转型计划（Dual Enrollment Transition Programs）提供残疾学生获得学业成就、社会技能所需支持，或是支持残疾学生参与社区活动、获得就业机会等②。如此，残疾学生可以在中学期间先了解大学校园环境、身心障碍者服务办公室系统及获得必要服务的方式。同时辅导员也应向残疾学生及家庭介绍身心障碍者服务办公室，鼓励残疾学生积极获取服务支持自我成长③。针对孤独症大学生就业问题，弗吉尼亚州康复部和

---

① Cole C. A complete guide to the college application process［EB/OL］.（2023-09-18）［2024-02-06］. https：//www. usnews. com/education/best-colleges/articles/college-application-process.

② Grigal M，Dwyre A，Emmett J，et al. A program evaluation tool for dual enrollment transition programs［J］. Teaching exceptional children，2012，44（5）：36-45.

③ Hamblet E C. Helping Your Students with Disabilities during Their College Search［J］. Journal of College Admission，2009，205：6-15.

教育部合作在伍德罗·威尔逊康复中心开展高等教育康复过渡计划项目（The Postsecondary Education Rehabilitation Transition, PERT），高校和职业中心将根据孤独症大学生评估结果做出职业计划，包括技能教学、实习安排、就业去向及预期工资等，在计划制定的过程中 PERT 团队会根据孤独症大学生生活地点、娱乐方式及兴趣爱好等预估符合孤独症大学生生活质量要求的工资水平，从而为他们的职业选择、实习地点选择和就业决定提供更明确指向①。

近几十年来，美国残疾大学生入学人数不断增加。据统计，1990 年至 2005 年间，残疾大学生入学人数逐年增加，已有占比 46%左右的残疾学生能够在高中毕业后进入高等教育阶段②。这一增长趋势同样体现在研究生阶段，残疾学生入学人数已从 1976 年的 130 万增加到 2011 年的 290 万③。同样地，残疾学生数量占总体学生人数比例不断增长，国家统计教育中心（National Center for Education Statistics, NCES）调查发现 2000 年残疾学生占学生总数的 9%左右，2008 年上升至 10%左右，2012

① Lee G K, Cariter E W. Preparing Transition-age Students with High-functioning Autism Spectrum Disorders for Meaningful Work [J]. Psychology in the Schools, 2012, 49 (10): 988-1001.

② Newman L, Wagner M, Cameto R, et al. Comparisons across Time of the Outcomes of Youth with Disabilities up to 4 Years after High School. A Report of Findings from the National Longitudinal Transition Study (NLTS) and the National Longitudinal Transition Study-2 (NLTS2). NCSER 2010-3008 [J]. National Center for Special Education Research, 2010.

③ Katsiyannis A, Zhang D, Landmark L, et al. Postsecondary education for individuals with disabilities: Legal and practice considerations [J]. Journal of Disability Policy Studies, 2009, 20 (1): 35-45.

年上升至11%左右[①]。其中2年学习年限的社区大学是残疾大学生接受高等教育主要途径，这是因为2年的机构提供残疾大学生更密集的支持服务，这些支持为他们获得成功带来了更高的自我效能感。且对于不打算转到4年教育机构的人来说，2年的社区大学提供了在相对较短的时间内，获得职业培训和市场工作技能提升的机会[②]。若从障碍类型看，高等教育阶段的障碍者包括视觉障碍、听觉障碍、智能障碍、盲聋双障碍（Deaf-Blindness）、发展迟缓、情绪困扰、学习障碍、语言障碍、肢体障碍、创伤性脑伤、其他身体障碍、多重障碍者。近年来，各大障碍类别在高等教育机构均有出现，只是所占比例不同。相对来说，视觉障碍、听觉障碍、肢体障碍及其他身体障碍学生高等教育入学率保持相对稳定，精神障碍学生入学率大幅增加。据统计，精神障碍学生占据障碍学生群体首位，大概为残疾学生总数的25%，主要包括重度抑郁症、创伤后应激障碍、精神分裂症、强迫症、人格障碍等类型的学生[③]。与此同时，学习障碍学生、注意力缺陷或多动症的学生比率亦明显提升。研究者对2008到2009年间全美2年制和4年制高等教育机构残疾学生人数进行评估发现，33%左右的学生具有学习障碍，18%具有注意力缺陷或多动症，15%具有心理或精神病学障碍，11%具有健康障碍。

---

① Radwin D, Wine J, Siegel P, et al. 2011-12 National Postsecondary Student Aid Study（NPSAS：12）：Student Financial Aid Estimates for 2011 - 12. First Look. NCES 2013-165［J］. National Center for Education Statistics, 2013.

② Lindstrom L E, Flannery K B, Benz M R, et al. Building employment training partnerships between vocational rehabilitation and community colleges［J］. Rehabilitation Counseling Bulletin, 2009, 52（3）：189-201.

③ Kukla, M., & Bond, G. R. Psychiatric disabilities［M］. In H. Zaretsky, S. R. Flanagan, & A. Moroz（Eds.）, Medical aspects of disability（4th ed.）（pp. 441-466）. New York, NY：Springer Publishing Company Press, 2010.

（二）英国残疾人高等教育发展现状

英国政府亦颁布一系列政策扩大残疾人高等教育机会。《2001 年特殊教育需要和残疾人法案》明令禁止歧视残疾人，规定残疾人和普通人享有获得同等的高等教育机会的权利①。不过英国大学始终保留独立、自主的招生权利，各大院校可以自行决定高等教育阶段入学申请的类型、考试科目、考试范围及录取标准。申请时，学生须具备个人学习计划、推荐信、16 岁会考成绩这三份材料。个人学习计划，包括选择课程的理由、个人独特的经验、未来职业与生涯发展方向，以及判断适合就读此学系的佐证等；推荐信包括申请者申请该学校的理由、过去的学习经历以及对未来会考的成绩的预测②。所有学生都在入学前一年的 9—12 月提出申请，根据报考学校招生简章准备材料并邮寄到大学院校入学许可中心，由该中心综合处理各所学校所收到的入学申请材料并负责材料分发等事宜。学校接收材料后，根据高中成绩、日常表现、面试成绩全面测查学生的综合素质。英国入学制度相当重视教育筛选机制的公平性，强调机会均等及社会公平，禁止任何歧视与偏见。例如，牛津大学指出大学招生时对所有人都应该一视同仁，不论年龄、肤色、身心障碍、种族、婚姻状况、家庭社会地位、宗教信仰等特征③。高等教育入学指导委员会（Admission to Higher Education Steering Group）虽然申明大学

---

① U. K. Special Education Needs and Disability Act [EB/OL]. [2023 - 04 - 30]. https://www. legislation. gov. uk/ukpga/2001/10/contents.

② 李奉儒. 英国教育：政策与制度 [M]. 嘉义：涛石文化事业有限公司，2001.

③ University of Oxford. Undergraduate admissions [EB/OL]. [2023-03-25]. https://www. ox. ac. uk/admissions/undergraduate? wssl=1.

入学政策不应偏好某种家庭背景或身份申请者，但同时指出考虑诸如学生学习环境、学业成就、背景与相关技能等情境因素是公平、合宜的①。基于大学入学管道的开放和各类支持保障服务的完善，近些年，入读大学的残疾学生数量一直在增长。例如，2003—2004 年入读大学的残疾学生人数为 10455，此后每年增加 500 人左右，2011—2012 年增至 1.5 万以上，2014 年突破 2 万人，截至 2015—2016 年是 25495，为 2003—2004 年的两倍以上②。在大学就读的各种障碍类别学生的比例不同，其中学习障碍最多，主要包括阅读、书写、计算等困难学生。与 2008—2009 年相比，2012—2013 年学习障碍的学生增加了三分之一，2015—2016 年约有 50%的残疾学生属于学习障碍类别③。

（三）法国残疾人高等教育发展现状

法国《1975 年 7 月 30 日法令》（*The Act of* 30 *June* 1975）指明残疾人享有与普通人同等的教育、经济和社会参与机会，国家政府有义务肩负起教育残疾人的责任，所有高等教育机构都应向残疾人敞开大门。在法国，高等教育院校分为大学和高等学院等类别。1808 年，拿破仑建立中学毕业会考制度选拔高等教育人

---

① Admissions to Higher Education Steering Group. Fair admissions to higher education: recommendations for good practices［EB/OL］. 2004［2023-03-25］. http://dera. ioe. ac. uk/5284/1/finalreport. pdf.

② Data. Gov. UK. HESA studentreconds［EB/OL］.（2018-11-30）［2023-03-28］. https://data. gov. uk/dataset/1e81af6c-174a-4e3b-a51b-d38d78103a84/hesa-student-records.

③ Higher Education Funding Council for England. Regional profiles of higher education 2009-10 for definition information［EB/OL］.（2012-03-07）［2023-04-03］. https://core. ac. uk/download/pdf/4162833. pdf #: ~: text = Introduction. %20This%20is%20the%2011th%20edition.

才，该制度至今有效，所有进入高等教育的人须通过中学毕业会考。会考分成普通组、技术组、职业组3组，必考科目由教育部指定，各学区自行决定考试范围、试卷内容、考试日期和平均标准。这是一种资格测验，无录取人数限制，总平均分10分以上为及格（满分为20分，各科有不同权重）。2011年普通、技术、职业3组考生人数分别为328467（占50%）、154379（占24%）、171702（占26%），及格率分别为88.2%、82.3%、83.6%，整体及格率为85.6%[①]。大学向所有取得中学毕业会考证书的人开放，不过高等学院设置了入学考试，通过考试形式招收会考及格后再在两年预备班进修学习的学生。预备班分成文学、科学、经济等3类，科学、经济类可报考的学校较多，两年后约有56%的学生考进高等学院[②]。高等学院除了招收正统的预备班学生外，也可招收其他具有BAC+2程度者，也有可能招收一些BAC+3以上的插班生。自2001学年后，入读大学的残疾学生人数快速增长，2006学年后呈快速上升趋势，每学年增加1000左右，2011年后上升趋势更明显，每学年增加2000人以上。这可能是因2006年后法国规定高等教育机构应为残疾学生建立必要、关怀、多样化的支持服务，大大减少了残疾学生接受高等教育的障碍，从而使得人数急剧上升。从招生机构来看，大学、预科班和高等学院、公共工程学院、其他机构招收残疾学生，且各类高等教育机构残疾学生就读比例存在显著差异。从招收障碍类别来看，听

---

① 卓鸣凤．法国高等教育及研究体制之演［EB/OL］．（2016-09-07）［2024-05-03］．https：//www.doc88.com/p-5843118371817.html.

② Ministère de l'Enseignement supérieur, de la Recherche et de l'Innovation. L'État de l'enseignement supérieur et de la recherche（n°3-déc. 2009）［EB/OL］．（2010-02-17）［2023-04-30］．https：//www.enseignementsup-recherche.gouv.fr/fr/l-etat-de-l-enseignement-superieur-et-de-la-recherche-2009-47805.

觉障碍、视觉障碍、健康障碍、肢体障碍、智力障碍等各种类型残疾学生都可以入读高等教育机构。近些年，随着听觉障碍儿童和视觉障碍儿童的出生率下降，高等教育机构入读的视障学生、听障学生数量相应减少，有身体健康和心理健康问题的学生数量不断增长。从学科领域来看，艺术、语言、人类学、法律、经济、管理、科学、医疗保健等学科领域均有残疾学生就读，但每个领域就读人数呈现较大差异。例如，2015—2016 年，人数最多的是艺术、语言和人类学，占 37.2%，以下依次是法律、经济、管理，占 21.7%；理工类，占 11.3%；科学，占 7.9%；医疗保健，占 7.3%；体育运动科学与技术，占 3.1%；护理，占 1.6%①。由此可知，残疾学生更可能进入艺术、语言等人文专业就读，不太可能进入体育运动科学与技术、科学和医疗保健等专业就读。

（四）德国残疾人高等教育发展现状

20 世纪初期，德国开始实行高中毕业会考制度，大学招生以会考成绩为依据，沿用至今。德国联邦法案规定 13 年制或等同于 13 年制完全中学的所有毕业生须参加高中毕业考试且及格后才有资格申请大学考试，残疾人没有其他升学管道，也没有专门为残疾人开办的高等学校。虽然德国大学没有为残疾人提供特别的优惠政策，但残疾学生只要拿到了高中毕业考试合格成绩，申请大学就会享有一定的倾斜政策，即所谓的优先录取，不过这

---

① Ministère de l'Enseignement supérieur, de la Recherche et de l'Innovation. L'État de l'Enseignement supérieur et de la Recherche en France（n°10 - Avril 2017）[EB/OL].（2017-04-05）[2023-04-30]. https://www.enseignementsup-recherche.gouv.fr/fr/l-etat-de-l-enseignement-superieur-et-de-la-recherche-en-france-ndeg10-avril-2017-47828.

种政策不是强制性的，各个州具体规定也不同①。因为德国高等教育政策不由中央政府统一制定，是由16个州政府各自订定，故没有全国性的高校入学考试。随着时代发展，残疾学生已改称为特殊教育需求者，分为残障者和慢性疾病患者两类，残障者包括学习障碍、视觉障碍、听觉障碍、语言或言语障碍、肢体障碍、智能障碍、孤独症、情绪和社会发展障碍、多重或不分类障碍等类型。

二、我国残疾人高等教育发展现状

我国大陆地区残疾人高等教育已形成以特殊教育学院（系）为骨干，随班就读为主体，成人教育与远程教育为辅的发展格局②。超过30所高校开展残疾人高等教育，包括滨州医学院、长春大学、天津理工大学、金陵科技学院、郑州工程技术学院、上海应用技术学院、西安美术学院、重庆师范大学、郑州师范学院、绥化学院、北京联合大学、南京特殊教育师范学院、长沙职业技术学院、广州大学、乐山师范学院、南京中医药大学、广州中医药大学、浙江特殊教育职业学院、徐汇区业余大学、新疆医科大学、南宁职业技术学院、福州职业技术学院、上海中医药大学等。近十年来，党和政府相关部门出台了一系列政策法规，大力推动相关法制法规建设。《中华人民共和国高等教育法（2018年修正）》规定，“公民依法享有接受高等教育的权利”，明确提出残疾人同属我国公民，亦享有接受高等教育的权利，教育单

---

① 张悦歆．联邦德国高等全纳教育的现状、支持模式及启示［J］．中国特殊教育，2015，(10)：3-8+20.

② 黄伟．我国残疾人高等教育公平研究［J］．中国特殊教育，2011，(04)：10-15.

位不得拒绝招收符合国家规定的录取标准的残疾学生入学[1]。在政策指引下，我国残疾人高等教育战略地位日益凸显。“十二五”期间，残疾人被普通高校录取人数为 38289 人，“十三五”期间被录取人数为 57477 人，增长了 50.11%；残疾人通过单考单招被高等特殊教育学院录取人数也明显增多，“十三五”期间被录取人数为 9966 人，比前五年增长了 47.54%[2]。从 2023 年单年的数据来看，我国高等教育阶段招收 30810 名残疾学生，其中高职 17857 人、本科 11196 人、硕士研究生 1588 人（含非全日制 150 人）、博士研究生 169 人。此外，截至 2023 年全国为残疾人开设的中等职业学校（班）共 225 个，在校生 24360 人，毕业生 5611 人，毕业生中 1034 人获得职业资格证书[3]。残联部门开办的中等职业学校有 9 所，分别为：辽宁省残疾人中等职业学校、浙江省残疾人职业技术学校、山东省特殊教育中专、湖南省特教中专、云南省华夏中专、新疆残疾人职业中专学校、广东省培英职业技术学校、天津市残疾人职业中专、内蒙古特殊职业技术学校，市属中等职业学校 2 所：青岛博爱成人中专学校、江苏盐城市特殊教育中等专业学校[4]。从专业设置来看，残疾学生专

---

① 冯诗瑶，赵兰，高源，等．新时代我国残疾人高等教育的发展特点与展望［J］．现代特殊教育，2022，(22)：18-25.

② 中国残疾人联合会．中新社“十三五”中国普通高校录取超 5.7 万残疾学生较“十二五”增逾 50%［EB/OL］．(2021-10-12)［2023-05-30］．https：//www.cdpf.org.cn/ywpd/xcwh/mtjjxwb/ccc637df831a47f99c94ff8a0e14221b.htm.

③ 中国残疾人联合会．2023 年残疾人事业发展统计公报［EB/OL］．(2024-4-17)［2024-04-30］．https：//www.cdpf.org.cn/zwgk/zccx/index.htm#：~：text=2024-04-18.

④ 中华人民共和国中央人民政府．残疾人高中阶段教育机构的类型以及国家对此类构建立和发展的要求［EB/OL］．(2009-05-07)［2023-05-30］．https：//www.gov.cn/fuwu/cjr/2009-05/07/content_ 2630760.htm.

业设置主要集中在教育、工学、医学、艺术四大学科门类，普通高等学校为残疾学生设置的本科专业有计算机科学与技术、机械制造工艺及设备、服装设计及工艺、艺术设计、针灸推拿学、会计、音乐学、绘画学和临床医疗等；设置的专科专业有装潢广告设计、办公自动化、园林、中医按摩、钢琴调律、计算机应用与信息、音乐表演等。此外，部分院校注意根据当地经济产业结构、技术结构、职业结构的特点及人才需求，结合残疾人身心特点及类型差异开办专业。如郑州工程技术学院根据中原地区古迹文物较多这一地方特色，专门为聋人开设艺术设计下属的古建筑绘画和文物修复专业；南京特殊教育师范学院根据江苏省大型服装企业较多的产业结构特点开设聋人服装工程专业，采取订单式培养、集团就业方式进行人才培养；滨州医学院为肢残人开办临床医学等专业，为聋人开办口腔护理专业①。在长期的探索中，我国残疾人高等教育的办学形式形成了适合我国高等教育体制的办学特点，主要有：一，在全日制的公立学校中设立二级学院，或者在学校中建立系和专业，采取单考单招的形式，主要招收特教学校毕业的听障学生和视障学生；二，建立独立设置的专科院校，以招收残疾大学生为主；三，中等职业学校与有条件的高等院校合作开办残疾人大专班；四，让残疾学生参加自学考试和成人教育；五，让残疾学生进入普通高校进行随班就读②。同时在招生考试制度上形成完整的招生考试体系，主要有普通高等学校招生全国统一考试（简称“高考”）和残疾学生单考单招。高

---

① 丁勇．我国残疾人高等教育发展的回顾与展望［J］．现代特殊教育，2021，(20)：3-13.

② 滕祥东，郝传萍，吕淑慧，等．我国残疾人高等教育宏观结构研究［J］．现代教育科学，2012，(05)：141-144.

考于每年6月定期举行，教育部统一调度，残疾人与普通人平等竞争，高等学校全面衡量考生德、智、体、美、劳综合素质，依据招生计划和考生成绩择优录取。单考单招是经由教育部招生考试主管部门批准、由高等特殊教育院校根据残疾考生实际情况，单独命题、单独组织考试和单独录取的特殊招生考试制度[①]。这种考试最先出现在长春大学，是专门为残疾学生设定的考试制度，在一定程度上保障了他们进入高校的机会。但是残疾人单考单招制度及其实施存在招考效率低、成本高等问题，为了完善残疾人单考单招制度，提升残疾人高等教育招生考试的规范性和创新性，北京联合大学、天津理工大学、长春大学、郑州师范学院、滨州医学院自2023年起采取联合考试形式进行残疾人单考单招（简称“五校联考”），考试内容包括统考科目和加试科目两部分，其中统考科目由5所高校联合命题，采用统一试卷；加试科目由各高校单独命题，包括素描、色彩、专业测试或音乐技能等。“五校联考”是一种针对残疾人的招考创新模式，体现了高校之间的协同治理，促进了残疾人单考单招的规范化、标准化、制度化，提高了残疾人单考单招的质量和效率[②]。

我国台湾地区招收残疾学生的高校类型分为公立大学、公立科技大学、公立技术学院、公立专科学校、私立大学、私立科技大学、私立技术学院、私立专科学校这8类。残疾学生分布在150多所大学内，这些大学占大学总数的9成以上。一般而言，私立学校招收人数多于公立学校，本科学校招收人数多于专科学

---

① 季红益，麻一青．残疾人高等教育体现社会公平与公正［J］．职业技术，2012，(06)：91-92.

② 王振洲．残疾人单考单招“五校联考”：实施背景、实践方式与现实价值［J］．北京联合大学学报，2024，38（02）：86-92.

校，其中大学招收人数最多，其余依次是学院、专科学校。从招收残疾人的学门来看，共有民生、商业及管理、工程、人文、电子科技、设计、社会服务、医药卫生、社会及行为科学、农业科学、艺术、教育、传播、生命科学、法律、数学及统计、建筑及都市规划、自然科学、运输服务、环境保护、犬医等 23 个学门。相对来说，民生、商业与管理、工程、人文、电子科技这几大学门招生人数较多，环境保护、运输、自然科学、数学及统计这几个学门招生人数较少。以 2017 年为例，招收人数最多的是民生学门，以下依次是商业及管理、工程、人文、设计、电子科技、医药卫生、社会服务、社会及行为科学、农业科学、艺术、教育、生命科学、法律、传播、自然科学、数学及统计、建筑及都市规划、运输服务、环境保护等学门。大学多元入学方案、甄试、单独招收等方式是残疾学生进入高等教育的主要管道。大学多元入学方案是残疾学生与普通学生一起竞争的考试形式，包括繁星推荐、个人申请、指定科目考试等。甄试是专门面向残疾学生的考试，包含视觉障碍、听觉障碍、脑性麻痺、孤独症、学习障碍及其他障碍六组，考生按照障碍类别参加考试，属于障碍类别内部的竞争。单独招收是所有残疾学生之间的竞争，主要由私立大学提供，可自主决定招收名额、考试科目、考试范围及录取标准，但每年录取的人数不多。自 2012 年开始，高等教育阶段的残疾学生类别已扩展至 11 类，有视觉障碍、听觉障碍、智能障碍、肢体障碍、语言障碍、脑性麻痺、身体病弱、情绪行为障碍、学习障碍、孤独症等。

第二章　残疾人高等教育支持保障服务发展概况

一、国外残疾人高等教育支持保障服务发展概况

（一）美国残疾人高等教育支持保障服务发展概况

1. 课程与学业服务

美国规定学校必须为残疾学生做出适宜调整以支持残疾学生平等参与高等教育。高等教育机构设有身心障碍者服务办公室（Disability Support Services Office，DSS）向残疾学生提供各类服务。最常见的服务是学术服务，如调整学术要求、考试形式、教室环境及课程材料，提供残疾人可以使用的计算机①。残疾学生表示最容易获得的服务是笔记记录，除了依靠志愿者做笔记，学校也会提供数位录音笔记录课程。通常各所学校提供的服务类型和服务形式差别不大，除了课业辅导服务外。因为大家认为残疾学生可以从学校的课业辅导中心获得学业帮助，且没有任何人或机构有义务为其学业成败负责。在考试上的服务主要包括考试场所、方式、时间调整，如设立单独考场、选择题替代填空题或简

---

① United States Government Accountability Office（2009）. Higher education and disability：Education Needs a Coordinated Approach to Improve Its Assistance to Schools in Supporting Students［EB/OL］.（2009-10-28）［2023-06-14］. https：//www. gao. gov/products/gao-10-33.

答题、口头报告替代纸笔书写、延长至 1.5 倍或 2 倍时间。不过有部分大学对于考试调整持否定态度，理由之一是考试调整需要征得授课教师同意，二是需要考虑全体学生公平的教育权益，三是部分残疾学生担心替代版本的考试比原有的考试内容更难。根本上来说，部分大学对考试调整的否定态度是因为高等教育学业支持主要目的是减少残疾学生因障碍因素而受到的对学业发展不利的影响，最大限度给予他们学习上适宜帮助和调整，但任何单位和个人从未强制要求残疾学生学业成就表现一定要优于普通学生。况且，在大学阶段残疾学生已经成年，他们是独立的个体，而大学教育也比基础教育更加强调学生的主动性和独立性，希望他们自主掌握学习方法，获得成长。考虑增强残疾学生独立性这一因素，许多大学不会提供残疾学生在高中时所接受的一模一样的服务①。此外，允许大学自主规划入学考试形式、招收的障碍者、开放的专业以及毕业要求，这在一定程度上表明残疾学生并非在所有方面都有资格获得额外的调整，如大学规定达到毕业标准须学习一门外语，即使是残疾学生也不例外，或是如果证明考试调整在根本上改变了专业考试程序，学校或任教教师可拒绝基于残疾学生特征调整考试。不过，也有研究者发现大学虽然提供了设备调整、考试调整、报读服务、笔记记录、手语翻译、课业辅导及学术顾问机会，但并非所有残疾学生都会有效利用服务以促进自我发展。此外，残疾学生障碍情况不同，服务需求可能有所不同。身心障碍发生的时间影响到残疾学生的服务需求，不同障碍类型的学生对于支持保障服务的需求也不同，例如行动障碍学生经常需要无障碍环境及便利的交通，语障学生经常需要学业

① Hamblet E C. Helping Your Students with Disabilities during Their College Search [J]. Journal of College Admission, 2009, 205: 6-15.

支持服务，视障学生经常需要使用辅助性技术或设备。综合而言，残疾学生经常需要的服务有多样化的考试形式、学业支持服务、辅助性技术或设备、优先注册、获取信息及利用计算机、职业发展计划和就业安置①。

2. 学校适应服务

（1）经济支持

为保障所有学生接受高等教育的机会，美国联邦政府透过奖学金、学生贷款和工读计划给予残疾学生支持。1965 年颁布《高等教育法》赋予弱势家庭子女获得财务资助的权利，该法根据时代发展和实际环境实时调整②。例如，2008 年改革了两处：其一，强调弱势群体入学准备，强化“GEAR UP 计划”（Gaining Early Awareness and Readiness for Undergraduate Program），除了针对低收入家庭学生增加补贴外，也注重提高学生对财务资助信息的认知程度，旨在透过政府经费补助，整合政府机构、非营利组织与社区共同协助学生顺利进入高等教育机构。其二，减少大学学费给学生造成的入学阻碍，监控高等教育机构以及民间贷款公司所提供的就学贷款，要求高等教育机构有义务在学生申请贷款前告知联邦政府所提供各项财务资助措施，

---

① Killean E, Hubka D. Working towards a Coordinated National Approach to Services, Accommodations and Policies for Post-Secondary Students with Disabilities: Ensuring Access to Higher Education and Career Training [M]. National Educational Association of Disabiled Students, 426 Unicentre, Carleton University, Ottawa K1S 5B6, Ontario, Canada, 1999.

② Hebel, S. President Bush signs legislation to renew the Higher Education Act [EB/OL]. (2008-08-14) [2023-05-25]. https://www.chronicle.com/article/president-bush-signs-legislation-to-renew-the-higher-education-act/.

当贷款数量不足时再建议学生向民间贷款公司申请①。大学设立身心障碍者服务办公室帮助残疾学生获得各种各样的经济援助用于与障碍相关的额外费用，如医疗费用、学杂费用、护理服务人员费用、辅助设备费用、交通工具费用等。此外，政府还规定任何一所高等教育机构都可以向残疾学生提供补助资金计划和贷款资金计划。补助资金计划分需要性质（Need-Based）和奖励性质（Merit-Based）两种。需要性质的补助资金是提供给负担不起高等教育经费的学生，多数州政府都会发放需要性质的补助资金，只有一部分提供奖励性质的资金。联邦政府设置需要性质补助资金计划供有需要的学生申请②。奖励性质的补助资金即奖学金，所有大学均可设置来奖励学业优良的学生，部分州政府还设立州际奖学金计划。通常来说，补助资金与报读人数密不可分，补助金提供的多寡与该校学生报读率高低成正比③。贷款资金计划被分为公立贷款和私立贷款两类，前者是向政府申请，后者是向私人机构申请。政府同时设定高等教育改善资金鼓励高校发展特殊教育事业，自 1994 年实施以来，已资助 28 个项目：综合项目 18 个、国会优先拨款项目（The Congressional Priorities Project）1 个、社区服务创新项目 1 个、国际联盟计划 3 个、随时随地的学习伙伴 5 个。针对聋人的有 6 项，授予给了专门为聋人服务的学校，第 6 笔资金给了罗贾斯特大学，重点资助聋人社

① U. S. Government Printing Office. Higher Education Opportunities Act [EB/OL]. (2008-08-14) [2023-05-30]. https://www.congress.gov/110/plaws/publ315/PLAW-110publ315.pdf.

② Levitz J, Thurm S. Shift to merit scholarships stirs debate [J]. The Wall Street Journal A, 2012, 1.

③ Doug, L. What Student Aid Research Shows [EB/OL]. (2013-01-21) [2023-05-30]. https://www.insidehighered.com/news/2013/01/22/study-examines-what-works-and-doesnt-student-aid-policies.

区融入、聋人手语学习、手语翻译人员培训及国际会议交流。针对心智障碍群体的资助是用于孤独症学生的教育训练和脑损伤成人的职业发展。还有的资助用于为残疾学生提供专业人员支持，包括创建对残疾学生在学校、工作场所、社会环境中有效的支持系统①。

（2）人际互动服务

研究者指出朋辈导师在残疾学生大学生活与学习中发挥着重要作用，他们可以支持学生成功驾驭校园文化、积极参与课堂及进入社交活动②。因此，需要注重残疾学生与教师、同学之间的互动和交流。研究者还指明高等院校应对每一位导师、普通学生进行培训，尤其注重与残疾学生之间建立合作、信任关系方面的培训，从而确保他们从一开始就能理解支持保障服务内涵，更重要的是通过培训让教师、普通学生明白与残疾学生伙伴关系建立的基础在于双方地位平等，残疾学生知识与技能的获得是人与人之间互动的结果③。由此，应提倡合作伙伴把社交活动和学习乐趣结合起来，共同建立相互尊重、相互信任、相互支持的伙伴关系，以维持关系的平等性。

3. 转衔与就业服务

1980 年，美国联邦政府成立身心障碍者就业委员会负责支持性政策制定和实施。1998 年成立成年障碍者就业小组，消除

① Coombs N. FIPSE：Empowering students with disabilities［J］. Change：The Magazine of Higher Learning，2002，34（5）：42-48.

② Jones M，Weir C，Hart D. Impact on teacher education programs of students with intellectual disabilities attending college［J］. Insight：A Think College Brief on Policy，Research，& Practice，2011，6.

③ Stoddard，D. A. The heart of mentoring：Ten proven principles for developing people to their fullest potential［M］. Golorado Springs，GO：Nav Press，2003；Zachary L J. Creating a mentoring culture：The organization′s guide［M］. John Wiley & Sons，2005.

现行政策中对身体障碍者就业方面的限制。1999 年颁布《工作机会和激励改进法案》（*Ticket to Work and The Work Incentives Improvement Act*）规定为 18—64 岁的障碍者提供工作彩券用于职业训练、就业和其他支持服务。2001 年劳动部新设就业政策办公室，增加财政预算和支持计划促进障碍者就业。2001 年后，各大高校和社区设立就业指导中心，其重心是帮助残疾学生寻找与专业对口的实习实训单位，跟踪调查实习实训情况，组织专门的就业招聘会，培训就业技巧①。据统计，约三分之一的机构就残疾学生就业方面与国家职业康复机构进行较低程度的合作，26%的机构显示出较高程度的合作②。美国还安排专门的特殊教育工作人员提供残疾学生转衔服务。2008 年《高等教育机会法案》授权建立智障学生高等教育转衔过渡项目。2010 年，美国各地的学院和大学被允许授予 27 个转衔过渡项目助学金，其中波士顿大学负责残疾学生及家庭支持服务、残疾学生高等教育课程项目开发，其助学金资助的重点是提供学生个性化服务以促进其学业、职业及社会性发展③。

4. 最少受限制环境服务

最少受限制环境服务包括无障碍环境与辅助科技两项服务。1961 年，美国国家标准协会订定《关于美国身体残障者易于接近、方便使用的建筑、设备建造的基准规范书》（*American*

① 鲁毅光．美国聋人高等教育支持与服务体系［J］．长春大学学报，2013，23（11）：1490-1492+1507.

② Raue K, Lewis L. Students with Disabilities at Degree-Granting Postsecondary Institutions. First Look. NCES 2011-018［J］. National Center for Education Statistics, 2011.

③ U. S. Department of Education. Comprehensive Transition and Postsecondary（CTP）Programs［EB/OL］.［2023-06-03］. https://thinkcollege.net/resources/resources-by-topic/ctp-programs.

National Standard Specifications for Making Buildings and Facilities Accessible to and Usable by The Physically Handicapped）推动了各州无障碍建设基准和法令改善。1968年《建筑障碍法案》（*Architecture Barrier Act*）、《1973年复健法案》均规定政府所有和受政府资助的建筑物需要符合无障碍建设要求，从而方便残疾人使用。1970年《建筑规范》（*Building Code*）建议新建、改建的建筑物需考虑残疾人、高龄者使用的可及性、安全性及可操作性。《1990年美国残疾人法案》将无障碍建设要求进一步扩大到残疾人参与的学习与生活中，要求学校环境需要达到无障碍建筑标准。当前，无障碍环境设计已然转变为全方位设计，无障碍环境设计考虑对象由早期少数的残疾人扩大到所有人，无障碍环境设计从方便残疾者使用的硬件建筑空间与设备的概念发展到包含服务、咨询、雇佣、交通、沟通等软硬件的广义理念①。残疾学生学习中所需要使用的无障碍教学材料同样引起政府和社会各界关注，他们要求学校提高残疾学生所使用材料的印刷速度与质量，进而帮助残疾学生无障碍地获得教学材料。美国国家统计局②调查发现，24%大学机构网站在很大程度上遵守了无障碍指南或建议；89%的大型装修和新建项目整合了无障碍功能。同时在无障碍项目规划阶段就有65%的机构为教职员工、障碍学生提供无障碍输入和输出辅助设备，64%的机构进行无障碍需求评估，52%的机构提供教师和员工有关无障碍的问题培训。在辅助科技服务上，1988年《身心障碍者相关辅助科技法案》（*The Tech-*

① 曾思瑜．从无障碍设计到通用设计——美日两国无障碍环境理念变迁与发展过程［J］．设计学报，2003，8（2）：57-75.

② Raue K, Lewis L. Students with Disabilities at Degree-Granting Postsecondary Institutions. First Look. NCES 2011-018［J］. National Center for Education Statistics, 2011.

nology Related Assistance for Individuals with Disabilities Act）强调政府应提供残疾人必要的辅助科技设备与服务。《身心障碍者教育法 1997 年修正案》（*Individuals with Disabilities Education Act Amendments of* 1997）将辅助科技列入个别化教育计划特殊服务，提出辅助科技是任何用于维持、增进或改善残疾人功能之市场销售、改造或量身定制的物件、设备或产品系列。《1990 年美国残疾人法案》（*Americans with Disabilities Act of* 1900）明确指明辅助科技服务是提供辅助科技和设备的一种支持形式。大学期间辅助科技服务包括资助残疾学生所需的辅助科技资金、根据学生需求和高等教育环境选择适当的辅助科技、培训学生操作辅助设备的技术。辅助科技有语音识别技术（Voice Recognition Technology）、抄写笔（Scribe Pen）、荧幕阅读器（Screen Readers）、数字白板（Digital Whiteboard）、心智图（Graphic Organizers and Outlining Programs）、计算机荧幕放大器（Computer Screen Magnifiers）、特殊开关、轨迹球和摇杆（Joysticks）。所有的残疾学生都可以使用不同类型的辅助工具来支持自我获得有意义的学习。例如，听觉障碍者辅助设备包括荧幕阅读器、放大器及辅助听力设备，肢体障碍者可以使用语音辨识软件或扩展键盘①。据相关调查得知，大学期间残疾学生最频繁使用的辅助科技服务是语音辨识系统、阅读机器、调频系统以及文本放大系统，其中语音辨识系统和阅读机器被所有障碍类别学生

① Sobczak C C. Meeting the technology needs of the differently - abled student [C] //Proceedings of the 41st annual ACM SIGUCCS conference on User services. 2013: 95-100.

广泛使用，包括视觉障碍、学习障碍、行动障碍学生[①]。各个学校提供辅助科技服务内容与频次有所不同。四年制大学多是提供在线图书馆和人员服务，两年制机构多是提供可访问电视课程和网络课件；与郊区或农村高等教育机构相比，城市机构提供的服务更多样、更频繁；与私立高等教育机构相比，公立高等教育机构提供的支持更频繁。各个学校辅助科技服务内容和比例亦不同。其中设备调整是最常提供的服务，约 70%的学校都提供此服务，在线图书访问服务、辅助科技评估服务、远程学习访问服务提供比例较低[②]。74%的残疾学生在辅助科技服务使用上靠自我摸索，仅 3%的学生表示由身心障碍者服务办公室服务人员教导其使用[③]。可见，残疾人高等院校仍旧没有提供充足的辅助科技服务，残疾学生多是从个人层次获得辅助科技信息而不是从身心障碍者服务办公室。随着科技发展，高校教学技术和手段得到显著改变，基于信息技术的教学开始兴起，残疾学生如何使用在线资源亦受到关注。2010 年，美国盲人联合会起诉宾州州立大学、西北大学、纽约大学学校各部门网站不利于盲人学生访问。诉讼解决后，以上大学同意使用荧幕阅读器或其他设备确保残疾

---

① Ofiesh N S, Rice C J, Long E M, et al. Service delivery for postsecondary students with disabilities: a survey of assistive technology use across disabilities [J] . College Student Journal, 2002, 36 (1): 94-109.

② Stodden R A, Roberts K D, Picklesimer T, et al. An analysis of assistive technology supports and services offered in postsecondary educational institutions [J] . Journal of vocational rehabilitation, 2006, 24 (2): 111-120.

③ Sharpe M N, Johnson D R, Izzo M, et al. An analysis of instructional accommodations and assistive technologies used by postsecondary graduates with disabilities [J] . Journal of Vocational Rehabilitation, 2005, 22 (1): 3-11.

学生可以访问①。2000 年加州社区学院提供可访问的在线教学、校园辅助科技支持，以及实时字幕和描述性叙述等替代媒介改善。2003 年肯塔基州州长签署了肯塔基州教科书可及性法案，确保在高等教育机构中所有符合条件的残疾学生都可以使用替代性教学材料以满足特殊的教育需求。研究显示残疾学生对于可访问的在线课程感受是积极、正面的，86%的学生表示可访问的在线课程促进了他们对学习材料的理解，94%的学生表示他们对可访问的在线课程有着浓厚兴趣②。Case 和 Davidson（2011）则建议残疾学生应尽可能地和普通学生使用同样的课程内容，但可以通过低成本方法创建替代性的、可访问材料，包括 Word 处理文档、扫描文档、幻灯片、音频、视频等③。

（二）英国残疾人高等教育支持保障服务发展概况

英国政策规定政府有义务支付残疾大学生在校期间学习、医疗及教育费用，学校有责任发现残疾学生的需求，且提供课程与学业支持、经济支持、无障碍环境支持、辅助科技支持等支持保障服务满足他们的特殊需求④。对此，各所大学可以设立资源中心，组织教育、行政、医疗、心理、社会等领域专家为残疾学生

---

① Huckabee, C. Arizona State U. and 2 groups for the blind settle lawsuit over Kindle ［EB/OL］.（2010-01-11）［2023-06-10］. https://www.chronicle.com/blogs/wiredcampus/arizona-state-u2-groups-for-the-blind-settle-lawsuit-over-kindle.

② Bryans Bongey S, Cizadlo G, Kalnbach L. Blended solutions: Using a supplemental online course site to deliver universal design for learning（UDL）［J］. Campus-Wide Information Systems, 2010, 27（1）: 4-16.

③ Case D E, Davidson R C. Accessible online learning［J］. New Directions for Student Services, 2011, 2011（134）: 47-58.

④ 陈跃，马燕生．法国特殊教育发展政策和举措［J］．世界教育信息，2016，29（18）：44-46.

提供鉴定、评估、福利获得、安置、就业、居家照顾等服务①。

1. 课程与学业服务

英国高等教育机构安排身心障碍者顾问或学习支持协调员（Disability Advisor or Learning Support Coordinator）为残疾学生在大学期间争取服务，支持他们充分利用资源走向成功。支持服务内容包括教师支持、提供替代性课程材料、提供辅助性设备、教学方法支持、考试支持、调整学习历程等方面。部分高等教育机构还为大学教师提供如何指导阅读障碍学生学习的训练方案。例如，坎特伯雷基督教会大学编制学习障碍指导书，书中阐述阅读障碍定义，说明阅读障碍是如何影响学生理解、流畅拼写、写作及组织能力，为什么阅读障碍者有可能获得成功，阅读障碍者所需的支持内容有哪些（改变讲授速度、提供替代性材料、使用多感官教学、允许课堂录音、使用灵活的评价方式）②。也有很多高等教育机构提供使用辅助科技、改进教学方法、学习需求支持、课堂信息简介、广泛地研讨等学术支持来消除残疾学生潜在的学习障碍③。不过残疾学生需要提供来自大学教师、医生或其他权威单位授权的材料来证明其需要这些支持才可获得服务。

---

① Organisation for Economic Co-operation and Development. Disability in Higher Education［EB/OL］.（2003-12-10）［2023-06-28］. https://www.oecd-ilibrary.org.

② National Audit Office. National audit office oversight of special education for young people aged 16-25［EB/OL］.（2011-11-04）［2023-06-29］. https://www.nao.org.uk/reports/oversight-of-special-education-for-young-people-aged-16-25/#publication-details.

③ Rodger, J., Wilson, P., & Roberts, H. Support for higher education studentswith specific learning difficulties［EB/0L］.［2023-06-29］. https://www.semanticscholar.org/paper/Support-for-Higher-Education-Students-with-Specific-Rodger-Wilson/15e91d5d08c3c134815d5522bf44e4334c5eec83#citing-papers.

2. 经济支持

英国残疾学生经济支持主要有两类：一类是残疾学生专门的经济支持，包括障碍学生津贴（Disabled Students´ Allowances，DSA）、支持基金（Support Fund）、个人独立支付（Personal Independence Payment）、就业及支持津贴（Employment and Support Allowance）；一类是其他形式资助，即残疾学生与普通学生一样享有奖学金、助学金、学生贷款等资助。障碍学生津贴是补偿身心障碍所必须花费、额外的学习和设备成本而设定的津贴。通常残疾学生向身心障碍者办公室提出申请和递交相关诊断证明材料，通过专业鉴定和评估后就可获得，基本上所有残疾学生都能获得此项津贴。DSA 共有四种支持：一是非医疗辅助津贴，补助包括手语翻译、记笔记、帮忙推轮椅等所需费用；二是专业设备津贴，补助包括计算机、盲文打印机、录音机、文字处理器、无线麦克风等获取和使用所需费用；三是普遍津贴，是指补助在课程学习方面所需的额外费用，如复印、打印、购买书籍等；四是交通津贴，是指补助因障碍而需支付的出行费用①。DSA 提供全日制学生和非全日制学生补助金额不同。全日制学生和非全日制学生的专业设备津贴、交通津贴一样，而在非医疗辅助津贴、普遍津贴全日制学生要高于非全日制学生。据统计，2015—2016 学年全日制大学生非医疗辅助津贴维持在 20725 英镑，专业设备津贴为 5212 英镑，其他与障碍相关的支出为 174 英镑；非全日制大学生非医疗辅助津贴维持在 15543 英镑，专业设备津贴为

① Student Finance Northern Ireland. Disabled students' allowances [EB/OL]. [2023-06-25]. https://www.ucas.com/money-and-student-life/money/additional-funding/disabled-students-allowance-dsa#:~:text=The%20Disabled%20Students%E2%80%99%20Allowance%20（DSA）.

5212英镑，而其他与障碍相关的支出则为1305英镑[①]。支持基金是北爱尔兰地区的高等教育机构提供给经济困难者的补助，主要用于课程成本、生活成本、金融危机、特殊费用、继续学业等方面。该基金适用于全日制本科和研究生的学生，资助前委员会一般会考察学生家庭收支情况，来自单亲家庭、低收入家庭和具有身心障碍的学生是重点支持对象[②]。个人独立支付面向16—64岁因长期（至少12个月以上）健康状况、障碍而需要支付额外费用的个体。申请流程包括联系社会保障就业和福利办公室，告知身心障碍对个人学习与生活的影响，机构评估个体能力和机构做出是否资助以及资助多少金额的决定。个人独立支付由日常生活费用补助和行动费用补助组成。就业和支持津贴主要面向即将就业或有就业意愿的群体，补助增进就业能力、购买工作设备及其他经费支出。

其他形式的资助是在普通学生财务方案的基础上执行，包括提供助学金与学生贷款两项财力支持。20世纪60年代以前，前述生活费补助不需考量学生家庭经济状况皆给予全额补助，1963年《罗宾斯报告书》要求政府为当地学生实施大学免学费政策，经济弱势学生可以根据家庭年收入和学校所在地获得相应的生活补助。此后，政府开始依照家庭收入高低将生活费补助分为部分补助与全额补助[③]。20世纪90年代后，政府对当地学生仍采取

---

① The Student Loans Company. Financial support for students in higher education: England 2016 [EB/OL]. (2016-11-30) [2023-06-25]. https://www.gov.uk/government/statistics/financial-support-for-students-in-higher-education-england-2016#:~:text=This%20statistical%20first%20release%20presents.

② Government Services. Support Funds [EB/OL]. [2023-06-25]. https://www.nidirect.gov.uk/articles/support-funds.

③ Woodhall. M. Financial Support for Students: Grants Loans or Graduate Tax [M]. London: Kogan Page, 1989.

免学费政策，学生贷款仅用于取代一半的生活费补助①。2003 年英国《高等教育的未来》白皮书恢复低收入家庭学生的助学金并取消预付学费措施，规定自 2005 年起年收入达 15000 英镑的毕业生才需要偿还学生贷款。2004 年英国《高等教育法》再次对学费做出弹性规范：1. 实施变动学费制度，2006 年后各大学可以依据办学情况和招生学门订定差异学费，但以每学年 3000 英镑为上限；2. 在允许大学调高学费的同时规定大学须将学费收入的一定比例作为学生入学经费或公费；3. 成立公平入学办公室协调各大学入学机制，监督各大学招收多元背景学生、弱势族群学生入学计划执行以及高等教育入学公平的落实情形，此结果将作为判断各大学是否可以涨学费的重要依据②。随后，为避免学费调涨造成弱势学生入学阻碍，政府遂适当放宽偿债标准、延长还款期限。学生工作后的薪资水平决定偿债金额，毕业生未达到偿债收入标准或超过一定年限仍无法还清债务时可免除尚未偿还的余额③。2007 年后，为扩大所有学生高等教育入学机会，英国政府增强对学生的经费支持，例如，增加奖学金名额，家庭年收入在 25000 英镑以下的大学生核发全额奖学金，未超过 60000 英镑者提供部分奖学金④。

① Barr, N. Funding higher education: policies for access and quality . House of Commons Education and SkillsCommittee Post-16 student support Session 2001-02 [EB/OL] . [2023-06-25] . https: //econ. lse. ac. uk/staff/nb/Barr_ Selcom020424. pdf.

② Office For Fair Access. Annual report and accounts 2007-08 [EB/OL] . (2008-07-21) [2023-06-28] . https: //www. annualreports. com/HostedData/AnnualReportArchive/m/medical-research-council_ 2008. pdf.

③ Barr N, Crawford I. Financing higher education [M] . London: Routledge, 2005.

④ 杨莹 . 英国教育政策的最新变革 [J] . 教育研究月刊, 2008, (167): 124-129.

3. 转衔与就业服务

众所周知，接受高等教育能够显著提高残疾学生获得有意义工作和满意薪资的机会。Christ 和 Stodden（2005）指出接受高等教育可以使残疾学生的生活更有效能感和成就感，进而实现经济上的成功和职业上的改善。英国《2003 年就业平等（宗教或信仰）条例》（*Employment Equality*（*Religion or Belief*）*Regulations* 2003）、《2003 年就业平等（性倾向）条例》（*Employment Equality*（*Sexual Orientation*）*Regulations* 2003）等相关法规指出在就业市场和职业发展上应当避免任何歧视，要求所有单位和所有人都要平等对待每一个残疾学生。就业单位不能以种族、性别、障碍、性取向、宗教或信仰等各种理由歧视任何一名残疾人，需要在公平、合理基础上招聘就职人员，同时采取合理措施，确保残疾人在应聘和选拔的过程中不因障碍因素处于劣势。此外，为提高残疾人就业机会，政府规定残疾人还享有由社会服务部门提供的教育、健康、护理计划用于就业能力培训，包括语言治疗、职业治疗、物理治疗、精神卫生、生活协助等专业服务。

4. 最少受限制环境服务

在无障碍环境服务上，2010 年，英国《平等法》（*The Equality Act*）中多次提到“无障碍”，明确实现无障碍可以提高残疾学生参与学校课程的程度，也可改善学校的物理环境①。学校无障碍环境是英国高等教育机构质量审查的组成部分。英国要求高等教育机构应贯彻落实无障碍计划，一方面要增加课程参与程度、改善物理环境、提供可获得的信息使得残疾学生能够更好利用各种服务；另一方面也需定期审查校内无障碍环境，及时改进

① GOV. UK. Equality Act 2010 [EB/OL]. [2023-06-25]. https://www.legislation.gov.uk/ukpga/2010/15/pdfs/ukpga_20100015_en.pdf.

不足之处①。无障碍环境的调整主要包括以下几方面：第一，个别化调整，即配置导师帮助学生熟悉大学环境，使他们增加对校园建筑和各项服务的了解。第二，期望的合理的调整（Anticipatory Reasonable Adjustment），如装饰建筑物时通过强烈的视觉色彩对比和其他措施提供残疾学生更易接近的物理环境。第三，注重融合（Inclusive Approach），如确保学校的物理环境是所有人都可进入的，各项服务是所有人都可使用的②。同时，学校在建设校园时应该秉承无障碍环境建设是学校整体规划的一部分，将无障碍环境建设融入其中，不提倡过大调整原有环境或大幅度改变建筑物的物理特征③。

通常来说，残疾学生所获得的辅助科技服务主要包括：第一，个别化调整，如提供盲人或部分有视力损伤学生私人助理、记录笔记服务、可访问的阅读材料等服务。第二，期望的合理的调整。例如，提供语音阅读器、文字转语音技术等科技制作的其他形式的课程资料。第三，注重融合。例如，赫特福德大学（University of Hertfordshire）利用网络技术将虚拟学习环境设计为所有人可访问，通过改变荧幕颜色、字体大小、布局等方式适应使用者的个别化需求。不过，任何形式的调整必须考虑是否合理，不同形式下调整范围也不同，主要取决于学校资源、调整成本、服务的实用性，以及对其他员工、学生和访客潜在利益的

---

① Department for Education. The Equality Act 2010 and schools [EB/OL]. [2023-06-29]. https://assets. publishing. service. gov. uk/government/uploads/system/uploads/attachment_ data/file/315587/Equality_ Act_ Advice_ Final. pdf.

② Felsinger, A., & Byford, K. Managing reasonable adjustments in higher education [EB/OL]. [2023-06-29]. https://york. web. ucu. org. uk/files/2014/04/managing-reasonable-adjustments-in-higher-education. pdf.

③ GOV. UK (2017). Disabilityrights [EB/OL]. [2023-06-29]. https://www. gov. uk/rights-disabled-person/education-rights.

影响。

（三）法国残疾人高等教育支持保障服务发展概况

1. 课程与学业服务

通常来说，提供教育服务目的是为了补偿残疾学生身心障碍对其学习所造成的不利影响。不过，在法国，尚未有政策规定高等教育机构要安排专有人员陪伴残疾学生度过整个大学生涯，教育服务内容、形式、范围皆由各所学校根据残疾学生障碍程度和特殊需求自主决定。据统计，2015 到 2016 年，四分之三的残疾学生获得大学支持计划以监督其学习，三分之一的残疾学生获得记录员、口译员、编码器、得到调整的课程或其他形式的支持①。但是考试服务是必须要提供的，包括延长考试时间、独立考场考试、替代考试材料、分段考试、提供助理人员、调整试卷、提供考试沟通辅具等服务。

2. 经济支持

法国公立大学提倡免除残疾大学生学习费用，各个大学设立残疾成人津贴补助 20 岁及以上、丧失工作能力程度 50%到 80%间且无法找到工作的残疾人。残疾学生在学期间亦能得到日常生活中必不可少的援助，其援助津贴数量取决于服务性质和障碍程度。例如，政府设定无障碍基金用以让高校改造停车位、室内外通路、地板、门、电梯、无障碍标记等以便于残疾人出行，让高校提供残疾学生 30%—60%的住房补助，让高校提供行动不便的

---

① Ministère de l'Enseignement supérieur, de la Recherche et de l'Innovation. Higher Education and Research, Facts and Figures［EB/OL］.［2023-06-29］. https://publication.enseignementsup-recherche.gouv.fr/eesr/9EN/higher-education-and-research-in-france-facts-and-figures-9EN.php.

人上下学交通协助、住宿服务或生活上安排个人助理。残疾学生有出行需求时提前填写交通协助申请，告知日期和位置，学校可为其预留车位或联合交通运输集团使用特定的运输方式提供服务[①]。此外，法国政府还设定社会补助、奖学金、应急基金、研究津贴、学生贷款等多种奖助津贴，资助津贴标准基于社会公平原则，按照残疾学生及家庭收入水平、财政基数决定具体补助数额。

（四）德国残疾人高等教育支持保障服务发展概况

1. 课程与学业服务

在德国，高等教育学习分水平等级（初级和高级），若学生没有取得上一等级的合格证书，则有可能重复上一阶段的学习，考核是进入下一个学习阶段的唯一途径。一般来说，残疾学生和普通学生都需要达到同样的要求，只是残疾学生可以享受额外支持。1982 年德国教育部规定政府、学校应提供额外的学习辅导和咨询、调整学习和考试规则、改造无障碍建筑和设施、建造体育设施和扩展体育项目等来促进每一个残疾学生全面参与校园生活和大学学习。2002 年修订的德国《高等教育框架法》和德国各联邦州的《高等教育法》明确规定禁止歧视有身心障碍和慢性疾病的大学生，申明为残疾学生提供必要的学习资源，或是根据其特殊需求进行必要的学业和考试调整[②]。不过，与基础教育

① Organisation for Economic Co-operation and Development. Disability in Higher Education［EB/OL］.（2003-12-10）［2023-06-28］. https：//doi.org/10.1787/9789264105072-en.

② Bundesministerium der Justiz und Bundesamt für Justiz. Hochschulrahmengesetz［EB/OL］.（2019-11-15）［2023-06-29］. https：//www.gesetze-im-internet.de/hrg/BJNR001850976.html.

相比，高等教育强调学校提供支持服务是为了残疾学生自主、自决、平等地参与大学生活①。校内的身心障碍者服务中心和学生事务社团负责提供心理和法律咨询、辅助科技设备获取、课业和考试支持、住宿和食堂服务等服务，允许有身心障碍和慢性疾病的学生获得额外的考核机会、调整教育形式、调整课程内容，提供学习所需的辅助科技获取、学术咨询等服务。部分学校亦设置视觉损伤中心提供相关学习材料和设备支持视障者的学习。

2. 经济支持

1970 年，德国出台免除高等教育阶段的学费的政策，借此消除学习费用与家庭收入之间的关系，从而使来自中、低收入家庭的学生获得更多进入高等教育机构学习的机会②。1985 年，德国召集专家委员会达成决议，指出学费是学习者消费主权体现。同一年出台的《德国高等教育系统竞争建议》将免除学费政策视为大学缺限，重新提出将所有与高等教育绩效有关的议题置于竞争观念下予以评定③。1999 年，德国联邦教育与研究部打算将禁收学费规定写入《高等教育法》，但直到 2004 年德国各所高校关于是否收取大学学费才达成一致协议，申明大学经费须用于日常教育与教学支出，建议高等教育机构设立奖学金和无息助学贷款协助残疾学生顺利度过大学生涯，来自低收入家庭的学生可获得奖助学金，且毕业后无须全部偿还。虽然大学具有自主决定

① 张悦歆．联邦德国高等全纳教育的现状、支持模式及启示［J］．中国特殊教育，2015，(10)：3-8+20.

② 余晓雯．德国当代高等教育改革述评［J］．教育资料集刊，2011，(52)：53-76.

③ Bultmann, T. Die Eliten und die Massen. Kritik eines bildungspolitischen Stereotyps [EB/OL]. (1999-12-01) [2023-07-30]. https://www.bdwi.de/texte/98571.html.

学费的权利，但是不能由于收取学费问题造成社会歧视现象。因此，通常学生在公立高等教育机构第一个学习阶段的课程学习是免费，第二个学习阶段（硕士或博士）的课程学习也免费。私立大学适当收取部分学费，每学期1000到3000欧元不等。

3. 转衔与就业服务

德国注重残疾人在就业市场和社区生活的全面参与，旨在通过良好的教育与服务帮助残疾学生克服身心障碍限制、积极参与社会。德国政策明确规定禁止歧视残疾人，要求国家充分保障该群体公平的就业权利。残疾人不仅享有减免税收、免除公共交通费、免除广播电视费等额外的就业津贴和福利，还可参与职业知识和技能培训课程来促进自身职业发展。可惜的是，残疾人参与职业知识和技能培训的积极性并不高，培训的效果不显著，难以支撑残疾人成功找到职业岗位。

4. 最少受限制环境服务

在无障碍环境服务上，德国政府宣称残疾大学生自主、自决、平等地参与大学生活需要高等教育机构提供相应的无障碍环境和设备设施支持。2009年《大家共有的大学》（*Eine Hochschulre Für Alle*）议案阐明残疾大学生与普通学生一样享有平等的受教育权益，高等教育机构必须为入学的残疾学生和慢性疾病患者提供以下诸如调整课程教学形式、提供学业补救服务、改善无障碍环境、补助学习经费等支持①。校内身心障碍者办公室负责校园无障碍环境咨询、建设、审核及提出相关建议。校园无障碍环境改善不仅包括物理环境的无障碍，还包括人文环境的

① Hochschulrektorenkonferenz. Zum Studium mit Behinderung/chronischer Krankheit [EB/OL]. (2009-04-21) [2023-07-29]. https://www.hrk.de/positionen/beschluss/detail/eine-hochschule-fuer-alle/.

无障碍。残疾学生委员会负责收集残疾学生需求，将需求意见提供给学校的无障碍建设部门，用以确保校园的建筑能够采用无障碍坡道、电梯、自动门、厕所及停车位。

在辅助科技服务方面，德国要求高等院校为残疾学生设立单独、专门的辅助科技部门来负责残疾人辅助科技的咨询、评估，设备获取等一系列服务。例如，柏林大学辅助科技服务中心可以为每一位视障生提供扫描器、打印机、点字打印机、报读服务、考试经费等，由残疾学生自主申请，通过审核即可获得。此外，高等院校也鼓励普通学生参与支持保障服务的提供，为鼓励普通学生参与，应为其提供报酬，约每小时 10 欧元，普通学生对支持保障服务的参与主要在于协助视障者课堂笔记记录或校园内行走[①]。

二、我国残疾人高等教育支持保障服务发展概况

（一）招生考试服务

第一，在考试环境上努力为残疾学生创造无障碍考试环境，提供符合个别需求的考试环境。2017 年中国残联、教育部联合发布的《残疾人参加普通高等学校招生全国统一考试管理规定》指出，应根据残疾考生的残疾情况和需要以及各地实际提供必要条件和合理便利，考试的支持性服务包括为视力残疾考生提供现行盲文试卷、大字号试卷（含大字号答题卡）或普通试卷；允许听力残疾考生携带助听器、人工耳蜗等助听辅听设备；允许行

① UK Essays（2015）. Students with disabilities in higher education in Germany［EB/OL］.（2015-01-01）［2023-04-30］. https：//www. ukessays. com/essays/education/students-with-disabilities-in-higher-education-in-germany-education-essay. php.

动不便的残疾考生使用轮椅、助行器等，有特殊需要的残疾考生可以自带特殊桌椅参加考试；适当延长考试时间，使用盲文试卷的视力残疾考生的考试时间，在该科目规定的考试总时长的基础上延长50%；设立环境整洁安静、采光适宜、便于出入的单独标准化考场，配设单独的外语听力播放设备等①。第二，在教育入学机会方面，多项政策与法规指出高校不得歧视残疾考生，不得以不具备办学条件或不符合招生条件等事由拒绝招收确实能进入该专业就读的残疾学生。此外，办融合教育的普通高校与残疾人高等教育院校并存更能满足不同残疾类型、不同残疾程度学生的选择需求，从而增加其入学机会②。

（二）课程与学业服务

在课程与学业上，多所残疾人高等院校强调全面创造条件支持残疾学生顺利完成学业。例如，上海市为残疾大学生建立入学适应支持为主的学业支持服务③。台湾省设立资源教室帮助残疾大学生学习、生活、就业、人际适应，服务内容包括转衔晤谈、学生能力评估、拟定个别化支持计划、学业辅导、帮助生活适应、就业辅导等。重庆师范大学针对听障学生个性化需要重新制定人才培养方案，调整教育目标。国家开放大学残疾人教育学院建设了国内第一个残疾人远程高等教育网站——阳光学习网，并

---

① 教育部．中国残联关于印发《残疾人参加普通高等学校招生全国统一考试管理规定》的通知［EB/OL］．（2017-04-11）［2023-06-30］．http：//www.moe.gov.cn/srcsite/A15/moe_776/s3258/201704/t20170428_303388.html.

② 任伟宁，孙岩，葛明明，等．残疾人高等教育入学机会现状分析及对策［J］．现代特殊教育，2018，（18）：19-25+30.

③ 汪海萍，赵伟时．上海市残疾人高等融合教育支持服务的初步实践［J］．残疾人研究，2017，（01）：13-20+4.

制作了一批适合残疾学生的网络学习资源，听障学生通过网络资源中的视觉信息、视障学生通过听觉信息开展学习[①]。天津理工大学以补偿教育、个别化教育和系统教育为原则，形成了“全校参与、跨学院联合培养”的听障本科生融合教育教学模式，依据补偿教育、个别化教育原则，制定适合听障大学生身心特点的培养计划[②]。滨州医学院开设口腔医学技术（听障）专业，其课程体系与普通口腔医学技术专业基本保持一致，同时结合听障大学生身心特点和实际学习情况通过优化英语课程内容、增删部分课程学时、开设通识教育选修课等方式拓展学生对专业知识、聋人文化等内容的了解，从而提高学生的综合素质[③]。郑州工程技术学院针对听障学生书面语言薄弱、手语方言过多的问题专门开设了 3 门特色课程：一是开设“听障者与社会”课程，教育听障学生认识自我、认识社会、学会交流与沟通，理解就业与创业对听障学生的意义，不断提高听障学生的自信心和生存竞争能力；二是开设“大学语文及阅读与写作”课程，提高听障学生文字表达和交谈、交流的能力；三是开设“中国手语”课程，为来自全国各地的听障学生提供了交流与沟通的桥梁，也在一定程度上规范了手语表达[④]。与此同时，各所高校强调针对残疾学生身心特征和学科特性设计个别化课堂支持服务内容。听障学生

① 丁霞，董洁，杨洁．远程教育残疾学习者特征及学习支持服务研究——以国家开放大学残疾人教育甘肃学院为例［J］．甘肃广播电视大学学报，2019，29（05）：77-84+90.

② 闵笛，王云亮，王怀彬，等．全纳教育模式在听障本科生教育中的探索与实践——以天津理工大学为例［J］．中国轻工教育，2020，（04）：71-76.

③ 张俊芳，贾晓宁．口腔医学技术听障人才培养的现状与对策研究——以滨州医学院为例［J］．绥化学院学报，2023，43（07）：50-53.

④ 甘勇．进一步完善听障大学生的高等融合教育——郑州工程技术学院高等融合教育试点工作总结［J］．现代特殊教育，2020，（04）：27-33.

课堂支持服务主要由使用多媒体教学设备、实时文字通讯、手语翻译、个别辅导等服务组成，在鼓励听障生和健听生配对形成学习小伙伴的同时也支持教师为听障学生提供个别化学业辅导①。视障学生课堂支持服务内容主要包括印制盲文教材、提供放大版教材、调整教学内容、提供学业辅导、调整座位等②。例如，按摩专业的教学设计可以根据视障者临床工作实际情况、未来工作性质确定教学重点、教学方法、教学过程，重视手法技巧性训练和功法训练③。此外，各所高校也调整了学习评估方式，包括为视障学生提供安排读题人员，延长考试时间，口试代替纸笔测试等服务④。据调查，北京联合大学开发出“新特视障人员考试平台”考试系统软件，该系统由试题管理、试卷管理、考试管理、考试、评量、答卷管理与分析组成，考试时学生可以利用读屏软件，辅以界面和鼠标操作满足考试需求⑤。

（三）学校适应服务

1. 经济支持

我国强调为残疾学生提供经济支持帮助他们顺利度过大学生涯。1986 年《高等教育自学考试残疾人应考者奖励暂行办法》

① 王晶．视障大学生学校支持性服务的需求与满意度研究［D］．辽宁师范大学，2008.

② 陈丽磷，汪海萍．接收视障生的上海普通高校支持系统研究［C］．中国高等教育学会特殊教育分会 2005 年学术研讨会，2005.

③ 楚洪波，徐明．盲人大学生按摩教学设计［J］．长春大学学报，2015，25（03）：113-115.

④ 张宁生，王峥．为探索我国视障者高等教育模式所做的初步尝试——一位视障学生与一位特教工作者的体会［J］．中国特殊教育，2000，（03）：51-53.

⑤ 安俊英．从支持性教育理论视角看视障人士考试系统的设计与应用［J］．北京教育（高教），2010，（06）：59-60.

提出设立残疾人自学成长奖励基金。2001 年《中国残疾人事业“十五”计划纲要（2001—2005 年）》提出对接受高级中等以上教育的贫困残疾学生减免有关费用，优先提供助学金和助学贷款，广泛动员社会力量资助贫困残疾学生等多项经济援助举措①。残疾学生与普通学生一样享有国家奖学金、国家助学金、国家助学贷款、学费补偿贷款代偿、勤工助学、校内奖学金、困难补助、伙食补贴、学费减免、绿色通道等困难学生资助政策②。为进一步健全助学贷款管理体制，支持家庭经济困难的大学生完成学业，2004 年《关于进一步完善国家助学贷款工作的若干意见》提出建立以风险补偿为核心的助学贷款制度，借款学生在校期间贷款利息全部由政府补贴，毕业后才开始计算利息；同时延长还贷年限，视借款学生毕业后就业情况，允许毕业后 1 至 2 年后开始还贷、6 年内还清的做法③。而为资助家庭经济不良的学生顺利入学，2005 年《关于切实做好 2005 年高等学校新生入学“绿色通道”工作的紧急通知》提出实施绿色通道工作，也就是家庭贫困的大学新生将一律先办理入学手续，之后再采取措施予以资助，从而确保贫困新生顺利入学。2017 年最新修订的《残疾人教育条例》第五十一条规定招收残疾学生的学校对经济困难的残疾学生，应当按照国家有关规定减免学费和

---

① 国务院．国务院批转中国残疾人事业“十五”计划纲要的通知［EB/OL］．（2001-04-10）［2023-05-30］．https：//www.gov.cn/gongbao/content/2001/content_60808.htm.

② 中华人民共和国教育部．政策体系基本健全工作成效举世瞩目——中国学生资助发展报告（2007-2011 年）［EB/OL］．（2012-10-23）［2023-06-30］．http：//www.moe.gov.cn/jyb_xwfb/s5147/201210/t20121023_143553.html.

③ 国务院办公厅．国务院办公厅转发教育部财政部人民银行银监会关于进一步完善国家助学贷款工作若干意见的通知［EB/OL］．（2004-06-12）［2023-06-30］．https：//www.gov.cn/gongbao/content/2004/content_62846.htm.

其他费用，并按照国家资助政策优先给予补助①。

党的十八大以来，中央及各级政府在特殊教育经费保障上投入巨大，使保障更加坚实有力。2012 年开始实施国家特教学校二期建设项目，中央财政每年投入 8 亿元，重点支持 60 所高等特殊教育师范学校、残疾人高等教育和中职教育学校基础设施建设。2012 年中央特教专项补助经费比 2007 年增长了 2.3 倍，重点支持中西部地区特教学校改善办学条件②。党的二十大提出“完善残疾人社会保障制度和关爱服务体系，促进残疾人事业全面发展”③。在习近平新时代中国特色社会主义思想指引下，中央财政通过中央高校预算拨款体系和支持地方高校改革发展资金支持各级各类高校发展，在此基础上，拨发相应的财政资金投入残疾人高等教育，以完善残疾人高等教育支持保障体系④。2013 年，中央财政下拨残疾人事业发展专项补助资金 3.71 亿元。2022 年，财政部发布《关于下达 2022 年中央财政残疾人事业发展补助资金预算的通知》，提出下拨资金总额 15.36 亿元，用于残疾人康复、预防、教育、就业等方面⑤。

---

① 国务院．残疾人教育条例［EB/OL］．（2017-02-23）［2023-05-30］．https：//www.gov.cn/zhengce/content/2017-02/23/content_5170264.htm.

② 王善峰．党的十八大以来我国特殊教育改革发展成就与经验［J］．中小学校长，2022，（10）：28-31.

③ 习近平．高举中国特色社会主义伟大旗帜 为全面建设社会主义现代化国家而团结奋斗——在中国共产党第二十次全国代表大会上的报告［EB/OL］．（2022-10-25）［2023-05-30］．https：//www.gov.cn/xinwen/2022-10/25/content_5721685.htm.

④ 冯诗瑶，赵兰，高源，等．新时代我国残疾人高等教育的发展特点与展望［J］．现代特殊教育，2022，（22）：18-25.

⑤ 财政部．关于下达 2022 年中央财政残疾人事业发展补助资金预算的通知［EB/OL］．（2022-05-06）［2023-06-30］．https：//sbs.mof.gov.cn/zxzyzf/cjrsyfzbzzj/202205/t20220506_3808247.htm.

为进一步健全家庭经济困难学生资助政策体系，2007 年《国务院关于建立健全普通本科高校、高等职业学校和中等职业学校家庭经济困难学生资助政策体系的意见》提出：1. 完善国家奖学金制度，中央继续设立国家励志奖学金用于奖励普通本科高校和高等职业学校全日制本、专科在校生中品学兼优的家庭经济困难学生；2. 完善国家助学金制度，平均资助标准为每生每年 2000 元；3. 进一步完善和落实国家助学贷款政策；4. 从 2007 年起，教育部直属师范院校招收师范生，实行免费教育制度；5. 学校应从事业收入中足额提取一定比例的经费用于学费减免、国家助学贷款风险补偿、勤工助学、校内无息借款、校内奖助学金和特殊困难补助等①。公办全日制普通高校中对因经济条件所限，缴纳学费确有困难的学生，特别是其中的孤残学生、少数民族学生、烈士子女、优抚家庭子女等实行减免学费政策。

2. 心理健康辅导服务

在心理咨询方面，各大高校均设心理咨询中心和专职工作人员负责残疾学生心理咨询服务，积极采用心理干预策略促使残疾学生正向看待自我、主动与周围人沟通、形成正确的思维方式、提升人际交往能力②。据调查，乐山师范学院心理咨询服务中心的工作职责是负责听障大学生心理健康调查、建立听障大学生心理健康档案、辅导有心理健康问题的听障大学生、完善心理危机

① 国务院．国务院关于建立健全普通本科高校、高等职业学校和中等职业学校家庭经济困难学生资助政策体系的意见［EB/OL］．（2008-03-28）［2023-07-30］．https：//www.gov.cn/zhuanti/2015-06/13/content_ 2878971.htm.

② 杨树山．心理干预策略在聋人高等教育教学中的应用［J］．继续教育研究，2011，（07）：126-127.

干预机制、处理听障大学生心理问题突发事件等①。于浩、牛瑞花研究发现，山东省某医学院对视障学生的心理支持主要由辅导员老师和生活老师提供，一旦发现学生存在心理问题就及时疏导，直到确保学生心理状态稳定，若发现属于高危人群就会向学工处反馈，配备一对一的专业心理辅导老师进行疏导②。

（四）转衔与就业服务

在就业方面，我国政策要求各级人民政府创造出公平的就业环境，各级人民政府纷纷制定各项措施对就业困难人员给予扶持和援助，对残疾人就业统筹规划，为残疾人创造就业条件，建立健全残疾人就业援助制度，采取税费减免、贷款贴息、社会保险补贴、岗位补贴等办法，通过公益性岗位安置等途径对就业困难人员实行优先扶持和重点帮助。县级以上地方人民政府采取多种就业形式，拓宽公益性岗位范围，开发就业岗位，确保城市有就业需求的家庭至少有一人实现就业③。广东省 2019 年出台《广东省残疾人就业办法》，将残疾人就业工作情况纳入政府考核。据《2018 年广东省残疾人事业发展统计公报》及《2022 年广东省残疾人事业发展统计公报》数据显示，截至 2018 年底，广东省残疾人就业人数为 28. 8 万人，而截至 2022 年底，广东省残疾

---

① 王振洲，张扬．听障大学生融合学习支持性服务探析——以乐山师范学院为例［J］．乐山师范学院学报，2017，32（10）：120-125.

② 于浩，牛瑞花．视障生高等融合教育学校支持现状调查研究报告——以山东省某医学院为例［J］．科教导刊，2023，（19）：154-158.

③ 中国人大网．中华人民共和国就业促进法［EB/OL］．（2007 - 08 - 30）［2023 - 07 - 30］．http：//www. npc. gov. cn/npc/c2/c183/c198/201905/t20190522_27234. html.

人就业人数增加至40.9万人[①]。这说明残疾人就业的相关指标纳入地方政府绩效考核方案中，对残疾人就业工作起到了切实的推动作用[②]。同时，我国教育部将残疾毕业生就业列为工作重点，采取发放就职补贴、组织专场招聘会、重点推荐和鼓励就业等举措；人社部和残联积极推动按比例安置就业，提供职前培训、职中辅导、职后跟踪等支持服务；用人单位积极提供专岗专职招收残疾人大学生，最大限度实现残疾大学生就业[③]。在农村基层岗位、公共服务岗位及残疾人专干、专职委员等适合残疾学生就业的岗位，优先招录高校残疾毕业生。财政部门通过就业专项资金、残疾人就业保障金等管道支持残疾毕业生就业，对盲人、聋人高校毕业生适当提高扶持标准[④]。目前，我国残疾人就业保障金制度已处于规范阶段，2017年修正的《残疾人教育条例》和2017年制定、2018年修正的《残疾预防和残疾人康复条例》等行政法规对残疾人就业保障金使用范围予以规定。近年来，为切实减轻企业负担，残疾人就业保障金成为减税降费的重点。2018年《财政部关于降低部分政府性基金征收标准的通知》调低了征收残疾人就业保障金的上限。2019年《关于完善残疾

① 广东省残疾人联合会.2022年广东省残疾人事业发展统计公报［EB/OL］.（2023-05-16）［2023-06-30］.https：//www.gddpf.org.cn/xxgk/sytj/tjgb/content/post_ 1069749.html.

② 徐五所，戴群，赵亮.中国式现代化背景下残疾人就业困境与提升路径研究［J］.现代特殊育，2024，（14）：54-58+66.

③ 教育部.我国特殊教育事业取得长足进展［EB/OL］.（2013-07-11）［2023-04-30］.http：//www.moe.gov.cn/jyb_ xwfb/gzdt_ gzdt/s5987/201307/t20130711_ 154095.html.

④ 陈菲，卫敏丽.四部门要求做好高等学校残疾人毕业生就业工作［EB/OL］.（2009-05-11）［2023-05-30］.http：//www.gov.cn/jrzg/2009-05/11/content_ 1310889.htm.

人就业保障金制度更好促进残疾人就业的总体方案》规定根据用人单位安排残疾人就业比例分两档减缴残疾人就业保障金。部分地区为落实残疾人就业保障金制度积极采取了具体措施，例如《关于调整北京市用人单位安排残疾人就业岗位补贴和超比例奖励标准的通知》规定了用人单位安排残疾人就业岗位补贴和超比例奖励标准，规定与残疾人签订一年以上劳动合同的，岗位补贴为每人每月 5000 元；与残疾人签订无固定期限劳动合同的，岗位补贴为每人每月 7000 元；安排残疾人就业超过 1.7%的，每多安排一名残疾人，奖励每人每月 10000 元，从而提高用人单位雇佣残疾人的积极性①。从 2013 年起，各高校对享受城乡居民最低生活保障的家庭的毕业年度内高校毕业生在离校前给予一次性求职补贴，用以支持贫困残疾大学生求职就业。为进一步促进残疾人充分就业，2022 年 4 月国务院办公厅印发《促进残疾人就业三年行动方案（2022—2024 年）》，指出要实施残疾人大学生就业帮扶行动，各地建立残疾人大学生信息交换机制，准确掌握在校残疾人大学生数据，及早建立“一人一策”就业服务台账，开展“一对一”精准服务②。此外，我国政府也逐渐重视发展残疾人辅助性就业，以此来帮助部分心智障碍者和重度肢体障碍者实现就业，通过就业帮助其实现社会融合。2015 年，中国残联、国家发改委、民政部等八部门共同印发《关于发展残疾人辅助性就业的意见》，其中明确提出，到 2017 年，所有市辖区应至少建有一所残疾人辅助性就业机构；到 2020 年，所有县

① 闫海，刘洁．我国残疾人就业保障金的法制发展与完善［J］．绥化学院学报，2022，42（01）：127-130.

② 国务院办公厅．促进残疾人就业三年行动方案（2022—2024 年）［EB/OL］．（2022-04-08）［2023-06-30］．https：//www.gov.cn/zhengce/content/2022-04/08/content_5684090.htm.

（市、旗）也应达到这一目标，以便满足具有一定劳动能力的智力、精神和重度肢体残疾人的就业需求[①]。长春市以此为基础，积极开展扶残助残就业工作，《关于对辅助性就业机构给予资金扶持的实施方案》和《长春市残疾人辅助性就业机构扶持政策实施方案》明确规定，依据机构内的辅助性就业残疾人人数，每人每月的补贴标准应不低于200元；对于稳定运营的辅助性就业机构，每年提供补贴；对于机构内部的职业指导老师，提供3—6个月的薪资补贴，其标准是上一年度的最低工资水平[②]。

为将就业政策落实到位，各大高校和企业高度重视残疾学生职业培训和就业服务，从而持续增强该群体的就业创业能力。例如，上海市建立以个别化就业支持服务为中心，兼及残疾大学生就业政策促进和基层就业指导员专业能力提升的服务体系[③]。澳门特区社工局下设复康中心提供残疾学生跨学科综合评估，基于评估结果提供就业服务配置。中国台湾省针对残疾学生身心特征制定个别化生涯转衔计划，在学生就业前评估其个人能力、兴趣、就业倾向性等，强调基于评估结果提供个别化职业教育或就业支持服务。一般而言，高校残疾学生转衔与就业服务涉及以下几个方面：一是举办生涯转衔与就业辅导活动，包括继续升学管道介绍、职业工作介绍、职业讯息提供、职场知识和技能培训等方面，目的是让残疾学生提前了解未来生活环境。二是在残疾学

---

① 中国残联、国家发展改革委、民政部、财政部等．八部门出台意见发展残疾人辅助性就业［EB/OL］．（2015-07-08）［2023-07-30］．https：//www.gov.cn/fuwu/cjr/content_2896425.htm.

② 苏晗．长春市残疾人辅助性就业政策执行问题研究［D］．长春工业大学，2024.

③ 汪海萍，赵伟时．上海市残疾人高等融合教育支持服务的初步实践［J］．残疾人研究，2017，（01）：13-20+4.

生毕业前召开生涯转衔就业会议，基于残疾学生发展需求和能力现状制定个别化生涯转衔计划，提供其必要的学习、生活及就业服务。三是集合校内外单位和资源为残疾学生提供全面、系统、持续的转衔辅导服务。例如，四川大学、长春大学、北京联合大学、武汉理工大学、郑州工程技术学院、南京特殊教育师范学院六所高校，作为首批残疾人高等融合教育试点高校，积极探索就业指导路径，建立起残疾大学生就业支持体系，为残疾大学生提供职业测评、就业指导、就业信息提供等方面的支持与服务，同时为残疾学生量身定制职业生涯规划、实习实践计划、创新创业培训、面试求职模拟等①。澳门特区劳工局成立显能小组免费为残疾学生提供职业发展支持，服务内容包括求职登记、面谈、职业转介、为期3个月的就业跟进及其他必需的援助，工作小组还会定期探访、追踪服务质量，以便更好地为残疾学生服务②。香港特区的就业援助服务供给特征为“官助民办”，民间机构在就业援助服务供给中扮演着重要的角色。残疾人福利项目主要是由各专业的民间组织来承包，政府在服务中对民间的社会福利机构进行宏观把控、规范管理，并为民间社会福利机构提供政策引导、咨询培训、经费资助等支持，由此充分调动民间社会福利机构为就业困难的残疾人提供多样化就业援助服务③。社会在促进残疾人就业技能提升上发挥着重要作用，澳门特区专门为智障人

---

① 范莉莉，章彤，原溯．残疾人高等融合教育试点工作：成绩、挑战与展望［J］．现代特殊教育，2022，(04)：15-24.

② 中国澳门特别行政区社区工作局．《残疾人权利公约》［EB/OL］．［2024-04-29］．https：//www. ias. gov. mo/ch/multimedia-information/the-convention-on-the-rights-of-persons-with-disabilities/introduction.

③ 董文琛，蔡嘉伟，翁楚歆．港澳与内地促进残疾人就业工作比较及其启示［J］．西部学刊，2019，(14)：128-130.

士开办职业技能培训课程增加他们的就业机会、使其成功融入社会，参加培训的残疾学员可以获得培训津贴。劳工局和社工局还联合举办聘雇残疾人士雇主嘉许计划及优秀残疾雇员嘉许计划鼓励社会聘用残疾人、提高社会各界对残疾人就业能力的认同。

（五）最少受限制环境服务

第一，在无障碍环境创设方面，2017 颁布的《第二期特殊教育提升计划（2017—2020 年）》指明无障碍环境是残疾学生参与学校生活和学习基本条件。在教育部大力支持下，中国残联在六省份分别选择了六所普通高等学校开展高等融合教育试点工作，校园无障碍建设被纳入学校总体规划之中。另外，清华大学、西湖大学等高校在校园无障碍环境建设方面也做了一定尝试，取得一定效果①。2023 年 9 月 1 日正式施行的《中华人民共和国无障碍环境建设法》，作为我国首部保障残疾人有关权益、规范无障碍环境建设的法律法规，是各大高校为残疾大学生群体建设无障碍环境的有力保障②。各所大学应该针对残疾学生特征进行必要的无障碍环境改造。大学校园无障碍环境是任何人都可以通行无阻而易于接近的理想环境，在此环境中残疾大学生可以自主、方便、安全地通行，使用环境里相应的配套设施③。无障碍环境改造一是指无障碍设备设施建设，校园道路、校园建筑

---

① 李波，朱琳琳．残疾大学生体育参与的无障碍环境建设实证调查与研究［J］．南京体育学院学报，2023，22（08）：7-18.

② 中华人民共和国中央人民政府．中华人民共和国无障碍环境建设法［EB/OL］．（2023-06-29）［2023-07-30］．https：//www.gov.cn/yaowen/liebiao/202306/content_ 6888910.htm.

③ 吴蕴臻．论残疾人无障碍环境建设现状与对策［J］．江苏科技信息，2008，（09）：34-36.

物、住宿区的规划、设计应方便所有人通行和便利使用，既要充分考虑建筑出入口、地面、电梯、厕所、房间等处的无障碍设计[①]，关注教室、寝室、食堂、图书馆等残疾学生经常出行重要场所环境改善，还需要定期对全校无障碍环境进行勘察，及时调整服务。二是指校园无障碍信息交流环境建设，也就是残疾学生在此环境中可以无障碍地获得校园公共传媒信息并进行交流[②]。听障学生校园无障碍信息交流环境建设主要包括：1. 班级无障碍信息交流环境建设，如教师授课时语速适当地减慢、教室配备上下课视觉提示；2. 图书馆无障碍信息交流环境建设，如设计无障碍自习室选座系统，视觉提示图书馆使用流程，影视作品和电视节目配备手语翻译或字幕；3. 校园无障碍信息交流环境建设，如校园网、校报、校园宣传栏、校园微信公众号、校园微博等无障碍服务平台建设[③]；4. 友善、和平的校园环境建设，应采用诸如走近残疾学生、关怀残疾学生、体验残疾学生一日生活等活动途径营造友善校园环境。于浩和牛瑞花（2023）对山东省某医学院学校支持现状调查研究发现，该学校打造残健融合的校园文化的同时，建设国家级特殊教育示范园区为视障生提供完善的无障碍环境，配备盲道、盲文标识等无障碍设施并提供盲杖、读屏软件等辅助器具便利视障生的校园生活，同时招募普通大学

---

① 王振洲，张扬．听障大学生融合学习支持性服务探析——以乐山师范学院为例［J］．乐山师范学院学报，2017，32（10）：120-125. DOI：10.16069/j.cnki.51-1610/g4.2017.10.019.

② 孟繁玲．论创建普通大学校园里的聋人无障碍环境［J］．河南教育学院学报（哲学社会科学版），2005，(04)：88-91.

③ 王振洲，张扬．听障大学生融合学习支持性服务探析——以乐山师范学院为例［J］．乐山师范学院学报，2017，32（10）：120-125.

生志愿者为视障生校园生活提供支持①。为建设无障碍社会环境，香港特区做出以下规定：1. 拟订无障碍设施和服务最低标准和规定，落实推行；2. 确保各大机构在向公众开放的建筑物内提供无障碍设施设备，诸如引导路径提示牌、凸字标志和易读易懂标志、紧急讯息电子通告板等；3. 面向残疾人提供无障碍相关知识的培训；4. 提供适当的协助和资源，确保残疾人有机会获得所需信息及使用新的通信技术和电子媒体等系统；5. 重视、推广和实施通用设计②。

第二，在辅助科技服务方面，我国设有省级辅助器具资源中心、地（市）级辅助器具资源中心，以及在县（区）级残疾人综合服务设施设立辅助器具服务站服务区域内的听力障碍、视力障碍、肢体障碍、智力障碍、语言障碍等各类残疾人。例如，深圳市残疾人辅助器具资源中心负责该市残疾人辅具申请、审核、专业评估、使用训练、维修等服务，面向肢体障碍、听觉障碍、视觉障碍、语言障碍、智力障碍、精神障碍六类障碍者提供相关辅具服务。澳门特区通过政府组织、民间机构的力量提供残疾人辅助科技服务。为开发残疾人潜能、加强残疾人自信心和独立生活能力，澳门特区社工局提供辅助科技财政资助和技术辅助，允许残疾人根据自我特征获取适应性训练、康复方案、康复服务及相关设施使用权限。与此同时，高等教育机构主动针对残疾学生需求提供相应的辅具服务，包括加强国家手语和盲文规范化、信

① 于浩，牛瑞花．视障生高等融合教育学校支持现状调查研究报告——以山东省某医学院为例［J］．科教导刊，2023，(19)：154-158.

② 中华人民共和国香港特别行政区政府劳工及福利局．《残疾人权利公约》［EB/OL］．(2008-08-31)［2024-04-29］．https://www.lwb.gov.hk/sc/highlights/UNCRPD/Publications/HKSAR´s%20UNCRPD%20report_ Sim%20 (version%20for%20publication)．pdf.

息化建设，建立公益性手语和盲文资源服务网络平台，设计手语可视、电子盲文朗读等软件，推动各级各地学校和公共图书馆建立盲人和聋人阅览室，建设特殊教育资源服务中心、实验室或资源教室。高等教育机构尤其注重提供学习上的辅助设备，为听障生提供康复训练设备、可访问的书籍、替代性教材、调整的学习资料、现代化学习工具①；为视障生开设盲人图书阅览室、盲文电子阅览室、语音制作室，购买扩音设备和放大镜，配置助视器等。

通过梳理国内外残疾人高等教育支持保障服务发展概况可知，支持保障服务分为招生考试服务、课程与学业服务、学校适应服务、转衔与就业服务，以及最少受限制环境服务。在招生考试服务上，主要提供考试环境与考试制度改善的服务。在课程与学业服务上，主要通过调整学校课程内容与教学方法、提供课业辅导、提供学业辅助性工具等帮助学生学习。在学校适应服务上，主要提供经济支持、人际互动服务和心理健康辅导服务。最少受限制环境服务包括无障碍环境和辅助科技服务。为进一步了解我国残疾人高等院校支持保障服务现状、问题及未来发展方向，本研究拟通过实证研究来深入揭示残疾人高等教育支持保障服务样貌。

① 张宁生，王峥．为探索我国视障者高等教育模式所做的初步尝试——一位视障学生与一位特教工作者的体会［J］．中国特殊教育，2000，(03)：51-53.

第三章　残疾人高等教育支持保障服务的调查研究——基于教师视野

本研究深入教育现场，从教师视野，即支持保障服务提供者视野，综合量化研究方法与质性研究方法对残疾人高等教育院校所提供的支持保障服务发展现状、问题及未来发展趋势进行分析。主要研究分为两部分：第一，教师视野下的支持保障服务量化研究，包括测量教师关于支持保障服务符合程度与重要程度的看法，比较教师眼中的支持保障服务现状满意值与期望值之间的差距，分析不同背景变项教师对于支持保障服务符合程度与重要程度的评价差异等。第二，教师视野下的支持保障服务质性研究，深入访谈教师关于目前支持保障服务现状、问题及改进措施的看法，以期为学校进一步完善支持保障服务，提高服务质量提供参考。

一、教师视野下的支持保障服务量化研究

（一）研究设计

1. 研究对象

综合考虑所在地域和学校所招收的残疾学生类型，采用有目

的抽样方式，选取东部地区徐汇区业余大学、滨州医学院、山东特殊教育职业学院、南京特殊教育师范学院，西部地区重庆师范大学、乐山师范学院、新疆医科大学，南部地区广州大学、广州中医药大学、南宁职业技术学院，北部地区长春大学、绥化学院、北京联合大学、天津理工大学、天津城市职业学院，中部地区郑州工程技术学院、郑州师范学院、长沙职业技术学院等 18 所残疾人高等院校的教师进行调查。以上调研学校在地域分布上包括东西南北中各大地域，在招收残疾学生类别上既包括招收视力障碍学生的院校，也有招收听力障碍学生的院校。本次向残疾人高等院校的教师共发放 324 份问卷，最终获得有效问卷 286 份，问卷有效回收率为 88%。教师的个人信息见表 3-1。其中，按人员性别分，男教师 71 人，女教师 215 人；按年龄分，25 岁以下 24 人，25—35 岁 120 人，36—45 岁 108 人，46 岁以上 34 人；按地域分布分，东部 77 人，西部 19 人，南部 46 人，北部 89 人，中部 55 人；按学历分，本科及以下 109 人，硕士研究生 161 人，博士研究生 16 人；按专业背景分，特殊教育相关专业背景 87 人，心理学相关专业背景 18 人，普通教育相关专业背景 94 人，其他专业 87 人；按照职称分，助教 118 人，讲师 104 人，副教授及以上 64 人；按照职务分，班主任 104 人，其他职务（指专任教师）155 人，主任及以上职务 27 人；按照工作年限分，0—5 年 107 人，6—10 年 44 人，11—15 年 55 人，16—20 年 36 人，20 年以上 44 人；按照接触残疾学生年限分，0—5 年 129 人，6—10 年 59 人，11—15 年 55 人，16—20 年 26 人，20 年以上 17 人；按照接触残疾学生的障碍类型多寡分，接触单一类型残疾学生的教师 156 人，接触两种类型残疾学生的教师有 63 人，接触三种类型残疾学生的教师有 37 人，接触四种及以上类型残疾学生的教师有 30 人。

表 3-1 研究对象基本信息

变项	分类	人数	变项	分类	人数
性别	男	71	年龄	25 岁以下	24
	女	215		25—35 岁	120
服务地区	东部	77		36—45 岁	108
	西部	19		46 岁以上	34
	南部	46	学历	本科及以下	109
	北部	89		硕士研究生	161
	中部	55		博士研究生	16
专业背景	特殊教育相关专业	87	职称	助教	118
	心理学相关专业	18		讲师	104
	普通教育相关专业	94		副教授及以上	64
	其他	87	工作年限	0—5 年	107
职务	班主任	104		6—10 年	44
	主任及以上	27		11—15 年	55
	其他	155		16—20 年	36
接触残疾学生不同年限	0—5 年	129		20 年以上	44
	6—10 年	59	接触残疾学生的障碍类型	单一类型	156
	11—15 年	55		两种类型	63
	16—20 年	26		三种类型	37
	20 年以上	17		四种及以上类型	30

2. 研究工具

研究初期，根据残疾人高等教育支持保障服务主题广泛收集文献，从宏观的角度了解残疾人高等教育支持保障服务发展现状。再根据研究目的、研究问题整理残疾人高等教育支持保障服务相关文献。从已有文献得知，残疾人高等教育支持保障服务内容主要有以下几点：（1）在行政管理上设立单独的部门统筹协助残疾学生在校生活与学习等相关事宜；（2）重视残疾学生接受高等教育的机会，设计针对残疾学生专门的入学考试制度；（3）为残疾学生开设专门性的专业；（4）提供残疾学生在学期间各类支持，包括课程与学业支持、学校适应支持、转衔与就业支持、无障碍环境与辅助科技支持这几部分。本研究是基于文献研究的基础确认本研究架构。之后，着手编制《残疾人高等教育支持保障服务调查问卷（教师版）》问卷初稿，共计组织运作、课程与学业、学校适应、转衔与就业、最少受限制环境五大维度。组织运作维度包括行政管理和招生制度两项服务内容。课程与学业维度包括专业设置、课程学习两项服务内容。学校适应维度包括经济支持、生活协助、人际互动、心理健康辅导等服务内容。转衔与就业维度包括升学和就业支持两项服务内容。最少受限制环境维度包括无障碍环境、辅助科技两项服务内容。每一题目请填答者分别评估该题的符合程度与重要程度，符合程度是教师对学校支持保障服务现况进行评价，分为“完全符合”“多数符合”“半数符合”“少数符合”“完全不符合”5个等级；重要程度是教师对学校是否应提供该项支持保障服务的看法，分为“非常重要”“重要”“普通”“不重要”“非常不重要”5个等级。在拟定问卷题目后，通过访谈长春大学、北京联合大学、重庆师范大学、广州大学、南京特殊教育师范学院等高校的辅导员或任课老师、学生，实地了解残疾学生高等教育支持保障服务提供情形、问题及现实需求。

之后，根据访谈结果修正问卷初稿，为确认调查问卷的架构、内容、用词遣句及陈述方式等项目适切性，研究者采取德怀术研究法，邀请10名专家学者组成德怀术专家小组对问卷进行审阅并提供具体修改建议。为宏观收集专家学者的建议，邀请不同方向的学者专家参与。第一类是在残疾人高等教育领域有专门研究，或本身具备丰富残疾人高等教育经验的学者。第二类是与残疾大学生实际接触的教师，承担残疾大学生课程教学或辅导工作的教师。第三类是具有管理残疾人高等教育院校多年经验的学者。研究者将所搜集的专家学者名单加以分类整理，分别以电子邮件或电话向参与者说明本研究之目的、实施方式、实施时间以及需要的协助，争取专家学者同意参与。最终德怀术小组专家背景资料如下表所示。

表 3-2　德怀术小组专家名单

编号	学历	职称	职务	工作年限	研究方向
01	本科	教授	院长	35 年	视障高等教育及手语翻译专业建设
02	本科	教授	副主任	30 年	残疾人高等融合教育
03	硕士研究生	副教授	副主任	30 年	听障学生视觉传达设计教育研究与实践
04	硕士研究生	副教授	实践教学中心主任	22 年	视障针灸推拿
05	硕士研究生	教授	资源中心主任	20 年	视障盲文
06	博士研究生	副教授	教师	12 年	视障教育
07	本科	副教授	教师	24 年	手语与视障大学生课程教学
08	硕士研究生	副教授	教师	18 年	视障大学生课程教学
09	博士研究生	教授	教师	24 年	残疾人职业教育
10	硕士研究生	讲师	教师	10 年	视障教育

由表 3-2 可见，所组成的德怀术专家小组以具备残疾人高等教育教学和研究专业知识和实务工作经验者为主，均任职于残

疾学生就读高校所在系所。小组专家分别来自长春大学、北京联合大学、重庆师范大学、南京特殊教育师范学院、郑州工程技术学院等高校，这些高校位于东西南北中不同地域，由此可反映残疾人高等教育支持保障服务现况。小组专家的研究方向亦是不同，有听觉障碍教育、视觉障碍教育、融合教育、职业教育、课程教学等方向，利于各项服务内涵的审查。部分专家担任学院的院长、系主任、资源中心主任等行政职务，利于行政管理制度方面的问卷内容的审查。

《残疾人高等教育支持保障服务调查问卷（教师版）》题目审查共进行三轮。调查前先和每一位专家学者取得联系，详细介绍本研究的目的、实施过程、问卷内容和作答方式后才进行德怀术专家小组问卷调查。每次问卷调查以电子邮件或微信方式送交问卷及填答说明等相关资料，若存在问卷填答上的问题再以电话方式进行沟通。经过三轮德怀术专家小组问卷调查后，研究发现问卷各题项平均数值不断递增，四分差值不断下降，表明经过三轮题目的修订专家意见逐步达成一致。其中各题项平均数介于4到5之间，多数题项平均数为5；各题项众数介于4到5之间，多数题项众数为5；各题项四分差均小于1，介于0到0.625之间，且多数题项四分差为0。以上数据表明专家在问卷总表，各向度的意见、看法达成了高度一致，显示出该问卷的信效度良好。问卷共计组织运作、课程与学业、学校适应、转衔与就业、最少受限制环境五大向度。组织运作向度示例问卷题目如：（1）学校设有独立的管理部门统筹协调全校各学院（系）残疾学生学习、生活、就业等相关事宜；（2）校内各个行政单位积极配合，支持残疾人事业，有便利残疾人教育与管理的制度、方法；（3）招收残疾学生后，各个专业根据残疾学生特点对本专业人才培养方案进行调整或制定残疾学生人才培养方案；（4）学校根据每位残疾学生的能力现况与需求制定个别化支持计划以支持他们在校的学习与生活；（5）学校尝试探索多元灵活的升学考试形式。课程与学业向度示例问卷题目如：（1）学校根据学生不同残障情况实行免修或调整课程和学分培养方案；（2）学校提供残疾学生课程学习上必要的辅助技术，如手语翻译、语音识别技术等；（3）学校提供残疾学生课外学业辅导服务。学校适应向度示例问卷题目如：（1）学校主动关心残疾学生在校的生活适应状况并依据学生残疾类型提供适宜的支持；（2）学校积极鼓励残疾学生参与学生会、青年志愿者协会、手语协会等组织的各种校内外活动。转衔与就业向度示例问卷题目如：（1）学校建立残疾学生实习基地，提供残疾学生实习的机会；（2）学校积极举办残疾学生职业发展活动、职业体验活动、工作态度和价值观形成活动、升学座谈会、就业招聘会、定向就业培训等相关升学、就业转衔活动；（3）学校提供残疾学生就业知识与技能的指导；（4）学校提供残疾学生升学考试、教师资格证考试、公务员考试及各种职业资格申请等方面的指导与协助。最少受限制环境向度示例问卷题目如：（1）学校关注校内无障碍环境的建设，并制定校园无障碍环境改善计划；（2）学校建设各项无障碍设施和设备，如无障碍标记、通路、楼梯、电梯、厕所、教室、实验室等；（3）学校提供残疾学生公平参与学校各项活动的机会，并在活动中提供无障碍设备与服务（如手语翻译、有声阅读、实时字幕）；（4）学校设有专门的机构负责辅助技术咨询、评估、获取、培训等服务；（5）学校主动评估残疾学生能力现况与需求，建立辅助技术服务的专业评估制度；（6）学校提供残疾学生辅具操作与使用的培训；（7）学校定期追踪残疾学生使用辅具状况并依需求适时调整。其次，进行信效度分析，结果显示问卷的内部一致性系数为 0.960，5 个因子的内部一致性系数在 0.949 至 0.990 间，说明问卷信度较高。最后，采用验证性因素分析检验问卷结构效度及适应性，结果显示：卡方自由度比为 2.420，近似误差均方根为 0.070，90%置信区间为 0.067 至 0.074；比较拟合指数为 0.920，Tucker-Lewis 指数为 0.910，均大于等于 0.900，数据拟合度较好，问卷具有较好的结构效度。

3 资料处理与分析

主要采用 SPSS 22.0 统计软件进行资料处理。运用描述性统计、独立样本 t 考验、单因子变异数分析、事后比较、重要性-绩效分析（Importance-Performance Analysis，IPA）模型等统计方式进行相关资料分析。

第一，计算教师对学校支持保障服务符合程度和重要程度，包括整体层面与各层面支持保障服务符合程度与重要程度的评定分数，同时呈现服务符合程度和重要程度评价的平均数差异检定，统计组织运作、课程与学业、学校适应、转衔与就业、最少受限制环境维度的题平均数与 t 检定结果，从而分析支持保障服务的实践执行情形与教师的期待之间是否一致。第二，采用独立样本 t 考验探讨不同背景变项教师对残疾人高等教育支持保障服务内容评价差异情形，了解教师对学校支持保障服务项目的评定差异。第三，以单因子变异数分析，探讨不同年龄、服务地区、学历、专业背景、职称、职务、工作年限、接触残疾学生年限、接触残疾学生障碍类别等背景的教师在学校支持保障服务的评价上是否有差异。第四，采用 Pearson 积差相关探讨教师对残疾人高等教育支持保障服务现状评价与重要程度看法之间的相关关系，以此考验两者间是否有相关存在。第五，采用逐步多元回归分析探讨残疾人高等教育支持保障服务评价的预测因素。处理时以教师性别、年龄、服务地区、学历、专业背景、职称、职务、工作年限、接触残疾学生年限、接触残疾学生障碍类别等背景变项为预测变项，以支持服务的符合程度与重要程度总分为效标变项，并以逐步多元回归法分析预测变项对服务符合程度与重要程度评价的影响。第五，采用重要性-绩效分析（Importance-Performance Analysis，IPA）探究教师对残疾人高等教育支持保障服务的反映①。

（二）教师对于支持保障服务符合程度和重要程度的整体评定结果

1. 支持保障服务符合程度与重要程度整体评定结果

研究显示，在教师对残疾人高等教育支持保障服务项目符合程度评定上，总平均分为 166.25，单项题平均分为 3.14，高于平均数 3，表示教师对服务等级评定在中等以上。各向度符合程度评定分数由高到低依序为学校适应、组织运作、最少受限制环境、转衔与就业、课程与学业，得分愈高，表示教师对支持服务发展现况的评定等级就愈高。其中学校适应向度分数最高与学校重视残疾学生校园适应和心理健康发展相关，如调查新生入学适应状况，协助解决大学生活适应时面临的问题②。组织运作向度排名第二，得益于残疾人大学生入学制度相关政策法规出台，残疾人高等教育入口管理规范性得到保障，残疾人大学生能够享有更加科学、有效的服务。这同时也是各大院校长期办残疾人高等教育的经验积累以及管理组织体系、行政管理制度日臻完善的体现。最少受限制环境向度排名第三，在无障碍环境建设方面一是

① 黄义良．幼儿园品牌权益量表的建构及其应用［EB/OL］．（2017-09-16）［2023-07-30］．https：//max. book118. com/html/2017/0916/134085314. shtm.

② 王伟，徐丽君．高校聋人新生入学适应性调查分析［J］．现代特殊教育，2010，（09）：16-18.

《无障碍环境建设条例》要求优先推进高校无障碍设施改造，高校积极改进校内无障碍设备与设施；二是整个校园环境友善，给予残疾学生充分教育关怀。例如，有研究者研究健听大学生对听障大学生接纳态度，结果显示健听大学生对听障大学生的能力、权利的态度是积极、肯定、乐观的[①]。在辅助科技服务向度方面一是与辅助器具服务保障制度建立与规范使残疾人高等院校辅助科技服务更为完善密切相关，二是由于现代科技发展，不少学校将科技运用在残疾人教育教学中，如语音识别技术、远程教育等。转衔与就业、课程与学业等向度服务评定稍靠后，可能是多方面因素导致的。诸如，残疾生入学比例逐年提高、严峻的经济形势背景、残疾学生身心发展特殊性、就业指导和就业援助的专业性[②]，以及残疾学生自身职业期望较高、就业心态较不稳定等。

而在重要程度评定上，总平均分为 165. 74，单项题平均分为 3. 13，高于平均数 3，属于中等程度。各向度支持保障服务重要程度评定分数由高到低依序为课程与学习、学校适应、最少受限制环境、组织运作、转衔与就业。不过各向度之间的分数差异较小，表明教师对组织运作、课程与学业、学校适应、转衔与就业、最少受限制环境向度重视程度较为一致，这可能与支持保障服务本质是完整、系统的，生活、学习、心理健康、职业发展、无障碍环境、辅助科技等服务缺一不可有关。

---

① 庆祖杰，朱珊珊．普通高校健听大学生对听障大学生接纳态度的个案研究［J］．中国特殊教育，2009，（10）：50-54.

② 杨立雄．残疾大学生就业问题与对策研究［J］．残疾人研究，2016，（02）：12-19.

2. 残疾人高等教育支持保障服务符合程度与重要程度评定的差异检定

以 t 检定考验组织运作、课程与学业、学校适应、转衔与就业、最少受限制环境符合程度与重要程度评价的平均数差异。研究结果显示，组织运作（$t=0.308$）、课程与学业（$t=0.594$）、学校适应（$t=1.312$）、转衔与就业（$t=-0.079$）、最少受限制环境（$t=0.112$）五大向度均未达显著，表明教师对支持保障服务项目重要性看法与对支持保障服务项目实际提供状况看法一致。即从整体来看，教师对学校提供支持保障服务的重要程度评价与服务的符合程度评价之间并不存在显著落差。研究发现，自1985年以来，残疾人高等教育办学条件得到改善，办学体系更加完善，入学人数稳中有升，教师队伍建设不断加强，办学层次和教育质量进一步提高①，专业设置、课程学习、学校适应、职业发展、无障碍环境、辅助科技等支持保障服务得到完善。访谈残疾大学生亦证实所获支持包括学业支持、经济支持、社会交往支持、情感支持、就业支持、无障碍环境支持②。21 世纪以来，残疾人在高等教育体系中的作用和地位逐渐得到体现③。《中华人民共和国高等教育法》《中国人民共和国残疾人保障法》《中华人民共和国就业促进法》《特殊教育提升计划》《关于进一步加快特殊教育事业发展的意见》《残疾人参加普通高等学校招生全国统一考试管理规定》等政策法规指明了升学制度、考试服务、招收院校、专业设置、师资建设、教育教学、支持保障等方

---

① 滕祥东．稳步发展残疾人高等教育［J］．中国特殊教育，2017，(08)：11.

② 蔡翮飞．残障大学生的教育支持：问题、影响因素及提升策略［J］．当代青年研究，2017，(04)：91-96.

③ 冯元，王玲．高等特殊教育办学层次提升探讨——以南京特殊教育职业技术学院为例［J］．中国特殊教育，2014，(06)：66-72.

面的发展方向，进一步规范残疾人高等教育做法，保障了残疾学生的教育权利。

3. 残疾人高等教育支持保障服务符合程度与重要程度评价的重要性-绩效分析

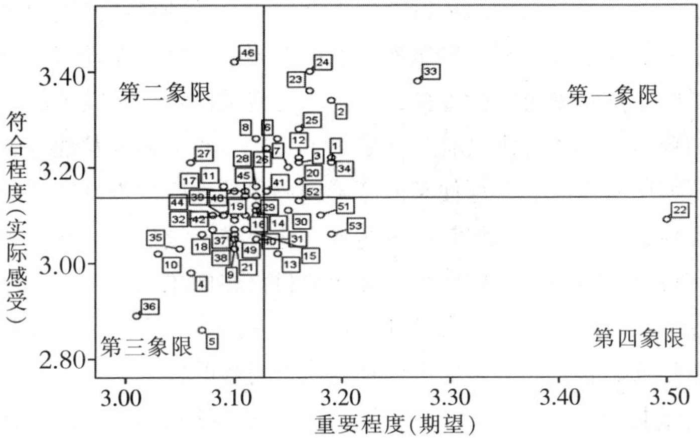

图 3-1　支持保障服务符合程度与重要程度的 IPA 分析图

研究利用 IPA 架构将教师对各个支持保障服务的重要程度与符合程度评价所得的平均得分纳入二维矩阵中，横坐标为重要程度（期望），纵坐标为符合程度（实际感受），共呈现四个象限。以下分别对四个象限内题目进行分析与说明。第一象限（继续保持区）：透过 IPA 图发现，积极探究残疾人高等教育管理政策与指南、独立部门统筹残疾学生事务、校内各行政单位支持残疾学生、加强专业建设、通用设计的课程材料、减免学杂费与住宿费、适时提供生活支持、就业支持服务系统等项目落在第一象限。服务项目在此象限表明研究对象对这些项目重视度极高且对服务实际执行状况评价也高于普通水平，代表学校提供的这些服务项目已达到认可，也是今后工作中应继续保持的地方。第二象限（过度重视区）：透过 IPA 图发现入学前咨询、升学考试形式、参与活动的辅助性支持服务、开展心理健康活动、营造无障碍人文环境、无障碍设备设施设计考虑增加残疾学生与健全生互动等项目落在第二象限。服务项目落此象限表明这些服务执行程度较佳，且在整体服务发展中占据优势。教师对该向度内服务项目评价水平亦很高，但服务标准已然超过研究对象期待。这些项目的服务水平可继续保持，也可适当将关注点移至其他亟须调整的项目。第三象限（低优先级区）：透过 IPA 图可发现特殊教育资源中心设立、合理便利的考试服务、扩大障碍类别、课外学业辅导服务、调整课程教学内容或学业要求、提供各类无障碍设施和设备等项目落在此区域。服务项目落在此象限表示研究对象对这些项目重视度并没有其他项目高，对服务的满意度亦较其他项目稍低。若学校对该向度内项目做针对性改善，定能使整体服务质量提升，进一步提高服务的认可度与满意度。第四象限（优先改善区）：透过 IPA 图可发现开放更多残疾学生就读专业、融合教育课程与专业实验、开放在线教育平台或网络学习资源、心理危机干预机制、完善创业创新机制、辅助科技需求评估制度、辅具的获取、辅具操作与使用培训、追踪辅具使用状况等项目落于此象限。落于此象限的服务项目在总项目中处于重点改善的地位，服务项目落于此象限表明研究对象对这些服务项目非常重视，但认为服务现况需进一步改善。学校可以针对性改善这些项目现况，以提升服务满意度。这一结论与现有研究相呼应，例如，专业开放问题，左小娟与李元元（2016），王得义与马建莲（2016），雷江华、罗司典及亢飞飞（2017）等研究者均指出残疾人高等教育院校需扩展专业范围和类型[①]。徐明（2013）调查发现视障大学生专业设置想法主要有两种：其一是开放专业，根据兴趣爱好、就业前景等情况选择专业；其二是学习针灸推拿学这类容易就业、能获得一定技能的专业，以更好地应对就业形势。而在辅助科技服务上，有研究者指出，高等院校主要提供轮椅、语言识别技术、助视器、读屏软件等生活与学习方面的辅助支持。对于更为完善且广泛的残疾人辅助科技需求评估、辅具获取、辅具操作与使用培训、追踪辅具使用状况等服务，相对来说，残联部门所承担的责任多于普通高等学校[②]。

（三）不同背景变项教师对支持保障服务符合程度评价的差异分析

1. 不同性别的教师对支持保障服务符合程度评价的差异分析

不同性别教师在组织运作、课程与学业、学校适应、转衔与就业等支持保障服务向度评定分数的考验结果未达显著，表示不同性别的教师在这些向度服务符合程度的看法上并无明显差异。最少受限制环境（$t=-2.033^{*}$[③]）向度考验结果达显著，表明不同性别的教师在此向度服务符合程度的评定上存在差异，女性教师的评定分数显著高于男性教师。

---

① 左小娟，李元元．我国残疾人高等教育发展及其专业设置情况［J］．湖北函授大学学报，2016，29（10）：38-40；王得义，马建莲．我国残疾人高等教育专业设置趋同现象探析［J］．现代特殊教育，2016，（08）：25-28；雷江华，罗司典，亢飞飞．中国高等融合教育的现状及对策［J］．残疾人研究，2017，（01）：4-12.

② 徐明．视障大学生全纳教育专业设置思考［J］．长春大学学报，2013，23（11）：1493-1495.

③ $^{*}p<0.05$，$^{**}p<0.01$，$^{***}p<0.001$，下同。

2. 不同年龄阶段的教师对支持保障服务符合程度评价的差异分析

就不同年龄阶段教师对各向度服务符合程度看法平均数而言，由高到低依次是 25 岁以下、25—35 岁、36—45 岁、46 岁以上。对四个样本进行变异数同质性检定分析发现 p 值均大于 0.05，显示四个样本的离散情形并无明显差别。整体考验[①]结果发现，处于不同年龄阶段的教师在转衔与就业（$F=2.083$）向度评定未达显著性差异，在组织运作（$F=3.007^{*}$）、课程与学业（$F=2.886^{*}$）、学校适应（$F=3.431^{*}$）、最少受限制环境（$F=3.063^{*}$）符合程度上的评定显著不同。但经事后比较发现，各年龄阶段组别间差异并未达显著，这说明各组别间对各项支持保障服务符合程度的看法不存在显著差异。林秀慧（2020）调查研究发现不同年龄阶段的教师在评量支持服务、教学支持服务和行政支持服务的满意程度上有显著差异，30—39 岁阶段的教师整体满意程度最高[②]。

3. 不同服务地区的教师对支持保障服务符合程度评价的差异分析

对来自东部、西部、南部、北部、中部不同地区教师对各项服务符合程度的看法进行分析。就平均数而言，较高的是南部、中部地区，中间是西部、东部，最低是北部。各大向度变异数同质性检定分析结果显示 p 值均小于 0.05，显示五个地区样本的离散情形存在显著明显差别。整体考验结果发现组织运作（$F=10.025^{**}$）、课程与学业（$F=4.711^{**}$）、学校适应（$F=$

---

① 整体考验即就不同类别受访者关于每个向度，包括组织运作、课程与学业、学校适应、转衔与就业、最少受限制环境的评价的平均数差异的显著性进行考验。

② 林秀慧，余永吉．桃园市特殊教育教师参与特殊教育专业团队服务现况之研究［J］．身心障碍研究季刊，2020，18（1）：58-81.

15.589**）、转衔与就业（$F=7.319^{**}$）、最少受限制环境（$F=6.917^{**}$）向度评价达显著差异，表明不同地区教师对各项支持保障服务符合程度的观点明显不同。通过事后比较发现，组织运作向度东部与南部、中部存在差异，北部与南部、中部存在差异，南部、中部地区教师对服务认可度显著高于东部、北部地区。课程与学业向度北部与中部存在差异，中部地区教师对支持保障服务符合程度评定显著高于北部。学校适应向度东部与南部、中部存在差异，北部与南部、中部存在差异，南部与西部存在差异。南部、中部地区教师对服务符合程度评定显著高于东部、北部地区；南部地区教师对服务符合程度评定显著高于西部地区。转衔与就业向度北部与南部、中部存在差异，南部、中部地区教师对服务符合程度评定显著高于北部地区。最少受限制环境向度北部与东部、南部、中部存在差异。东部、南部、中部地区教师对服务符合程度评定显著高于北部地区。此现象是多方因素使然：第一，不同地域学校开办残疾人高等教育时间不一，发展进展有差异，所积累的办学经验不同，反映在服务项目成熟度与完善度可能就存在差异。第二，不同地域中各校招收障碍学生类型不同，长春大学、北京联合大学、南京特殊教育学院等学校招收视障、听障学生的同时兼有其他障碍类别和特殊教育专业学生，郑州师范学院、郑州工程技术学院、重庆师范大学等学校以听障学生为主并兼有特殊教育专业学生，而有的学校以视障或听障高等教育服务为主。教育对象不同，支持服务需求度和范围必然不同，使得残疾人高等教育服务项目的广度、内涵、发展存在差异，即不同的学校类型所关注的残疾学生支持保障服务项目或许不同。第三，不同地域经济形势不同，残疾人高等教育转衔与就业支持或多或少受当地社会经济发展的影响，可能会呈现地域不平衡现象。

4. 不同学历的教师对支持保障服务符合程度评价的差异分析

分析不同学历教师对学校各项服务符合程度评价平均数发现，本科及以下、硕士研究生学历的教师对服务的评价结果略高于博士研究生学历的教师。各大项目先进行变异数同质性检定考验，结果显示 p 值均大于 0.05，表明这三个样本离散情形并未出现明显差别。整体考验结果发现，组织运作（$F=5.581^{**}$）、课程与学业（$F=4.070^{*}$）、学校适应（$F=5.494^{**}$）、转衔与就业（$F=3.641^{*}$）、最少受限制环境（$F=4.094^{*}$）五个向度评价差异达显著水平，表示教师因学历的不同而在学校支持保障服务项目符合程度评价上有所差异。事后比较发现，组织运作、课程与学业、学校适应、转衔与就业、最少受限制环境均是本科及以下学历教师与博士研究生学历教师、硕士研究生学历教师与博士研究生学历教师存在显著差异。李秀（2016）调查研究发现不同学历的教师所需支持有显著差异，学历越高，得分越低，表明学历越低的教师对获得支持的愿望越强烈①。张新新（2018）研究发现不同学历背景的教师对学校专业知识技能的支持评分有显著性差异，即大专及以下学历的教师得分显著高于本科学历教师和研究生及以上学历的教师②。

5. 不同专业背景教师对支持保障服务符合程度评价的差异分析

为反映不同专业背景教师对支持保障服务符合程度评价的差异，以专业背景为自变项，各向度服务评价为依变项，进行单因

① 李秀．福建省普通班教师特教专业知能、专业态度、所需支持的调查研究［J］．教育评论，2016，(10)：131-136.

② 张新新．发展障碍学生家庭的需求与学校支持研究：家长和教师的视角比较［D］．华东师范大学，2017.

子变异数分析。分析各向度服务符合程度评定平均数发现，普通教育相关专业背景、其他专业背景教师的评定分数高于心理学相关专业、特殊教育相关专业背景教师。变异数同质性检定考验结果显示五向度 p 值均大于 0.05，表明这四个样本离散情形并未有明显差别。其中组织运作（$F=4.420^{**}$）、学校适应（$F=3.261^{**}$）达显著差异水平，其他向度评价差异未达显著水平，这表示教师在课程与学业、转衔与就业、最少受限制环境方面不因专业背景而对各项服务符合程度的评定有显著差异。经事后比较发现，特殊教育相关专业背景与普通教育相关专业背景组别的教师在组织运作、学校适应向度评价呈现显著差异，普通教育相关专业背景的教师组别对学校各项服务符合程度的评定显著高于特殊教育相关专业背景的组别。分析发现，教师对残疾人高等教育服务符合程度评定在一定程度上受教师专业背景影响。李秀（2016）调查研究发现不同专业背景的教师对支持服务的需求有显著差异，特教专业毕业的教师对支持服务的需求高于未具特教背景的教师或仅有少许特教知识的教师，这可能是因特殊教育专业背景毕业的教师更了解残疾学生身心障碍特征，更理解障碍对残疾学生学习和生活带来的不利影响，因而对于支持保障服务的完善程度和充足程度要求更高。王欣宜（2020）研究发现不同教育背景的教师在融合教育支持充足性的认知上有显著差异，具有特教背景的教师显著高于不具特教背景的教师，研究者推论具特教背景的教师觉得支持资源充足性较高，可能与其受过特教训练，对行政单位是否提供特教服务敏感度较高有关[①]。

① 王欣宜．大专校院教师对实施融合教育支持资源的需求性及认知充足性之研究［J］．特殊教育与辅助科技学报，2020，（12）：1-28.

6. 不同职称级别的教师对支持保障服务符合程度评价的差异分析

对不同职称级别教师关于支持保障服务符合程度的看法进行分析，就平均数而言，由高到低依次是讲师、助教、副教授及以上。变异数同质性检定考验结果显示组织运作、课程与学业、学校适应、转衔与就业、最少受限制环境 p 值均大于 0.05，表明这三个样本离散情形并未有明显差别。整体考验结果发现，组织运作（$F=6.962^{**}$）、课程与学业（$F=4.863^{**}$）、学校适应（$F=6.456^{**}$）、转衔与就业（$F=4.323^{*}$）、最少受限制环境（$F=4.529^{**}$）向度评价达到显著差异水平，表示不同职称级别的教师对学校支持保障服务符合程度的评定存在显著差异。经事后比较发现，助教与副教授及以上组别、讲师与副教授及以上组别在各向度评价呈现显著差异，其中助教、讲师组别对学校各项服务符合程度的评定显著高于副教授及以上组别。研究者推论，副教授及以上教师任教年限和教育教学经验相对高于助教、讲师，他们能够看到学校各项服务实施的不足、困境或不甚理想的状况，可能就导致其关于符合程度的评定分数低于其他两组。

7. 不同职务的教师对支持保障服务符合程度评价的差异分析

分析担任不同职务教师对支持保障服务符合程度评价平均数结果显示，平均数由高到低依次是班主任职务、主任及以上职务、其他职务。根据变异数同质性检定考验结果，组织运作、课程与学业、学校适应、转衔与就业、最少受限制环境 p 值均大于 0.05，表明这三个样本离散情形并未有明显差别。整体考验结果发现，组织运作（$F=5.902^{**}$）、课程与学业（$F=5.253^{**}$）、学校适应（$F=7.051^{**}$）、转衔与就业（$F=4.474^{*}$）、最少受限制环境（$F=5.693^{**}$）评价均达显著差异水平，表示担任不同职务的教师对学校支持保障服务符合程度的评定有显著差异。经事后比较发现，班主任职务与主任及以上职务、其他职务组别在组织运作、学校适应符合程度的看法上呈现显著差异，担任班主任的教师对服务符合程度评定情形优于主任及以上职务和其他职务教师。班主任职务与其他职务组别在课程与学业、最少受限制环境符合程度的看法上呈现差异，担任班主任的教师对服务符合程度评定情形优于其他职务教师。班主任职务与主任及以上职务组别在转衔与就业符合程度的看法上呈现差异，担任班主任的教师对服务符合程度评定情形优于主任及以上职务教师。这可能是因职务差别因素使其工作性质、内容不同，主任及以上职务的教师或从更为全面、整体、系统、深入的角度评定各项服务，从而导致对各项服务符合程度评定情形与其他职务者不同。在其他阶段的特殊教育服务研究中亦发现职务使特殊教育服务实践认知不同，黄馨仪（2015）探讨高中职阶段特教教师对资源班教师工作实践的认知，发现教师因职务不同对服务项目、角色实践认知存在显著差异[①]。蔡佳伶（2013）调查公立高中资源班教师在行政与计划、鉴定与评估、教学与辅导、支持与倡导、咨询与沟通等向度角色实践，发现不同行政职务经验的高校资源班教师在五个向度上的角色实践有显著差异[②]。林秀慧（2020）调查研究发现不同职务的教师在评量支持服务、教学支持服务和行政支持服务的满意程度上均有显著差异[③]。

---

① 黄馨仪．高中职特教教师对资源班教师角色期望及角色实践之调查研究［D］．中原大学，2015.

② 蔡佳伶．公立高级中学身心障碍资源班教师角色期望与角色实践之调查研究［D］．台湾师范大学，2013.

③ 林秀慧，余永吉．桃园市特殊教育教师参与特殊教育专业团队服务现况之研究［J］．身心障碍研究季刊，2020，18（1）：58-81.

8. 不同工作年限的教师对支持保障服务符合程度评价的差异分析

研究探究不同工作年限教师对支持保障服务符合程度评价的差异，就各向度服务符合程度评价平均数而言，首位的是0—5年，中间的是6—10年、11—15年、16—20年，末位是20年以上年限。根据变异数同质性检定考验结果，组织运作、课程与学业、学校适应、转衔与就业、最少受限制环境 p 值均大于0.05，表明这五个样本离散情形并未有明显差别。整体考验结果发现，教师因工作年限不同而对学校各项服务符合程度的评定有所差异。经事后比较发现，0—5年与20年以上年限组别的教师对学校所提供的五大向度服务的符合程度的评定呈现显著差异，0—5年工作年限的教师对服务的感受性和评定显著高于20年以上工作年限的教师。蔡佳伶（2013）调查发现不同资源班服务年限的教师在行政与计划、鉴定与评估、教学与辅导、支持与倡导、咨询与沟通向度上的角色实践有显著差异。这可能是由于工作年限较长的教师对特殊教育、残疾人高等教育发展历程的感受与体验更深刻，相对在各项服务的构建上所期待的广度和深度，以及服务模式的完善度、成熟度更高。李秀（2016）调查研究发现从事随班就读的教育年限长短对教师的支持服务的需求有显著影响，4年以上的教师对支持服务的需求最为强烈①。林秀慧（2020）研究发现不同特教年资的教师在评估支持服务、教学支持服务和行政支持服务的满意程度上均存在显著差异，特教年资6—10年的教师满意程度最高②。

---

① 李秀．福建省普通班教师特教专业知能、专业态度、所需支持的调查研究［J］．教育评论，2016，(10)：131-136.

② 林秀慧，佘永吉．桃园市特殊教育教师参与特殊教育专业团队服务现况之研究［J］．身心障碍研究季刊，2020，18（1）：58-81.

9. 接触残疾学生不同年限的教师对支持保障服务符合程度评价的差异分析

对接触残疾学生不同年限的教师关于支持保障服务符合程度评价进行分析，结果发现评定分数平均数占首位的是 0—5 年，中间的是 6—10 年、11—15 年，较后是 20 年以上、16—20 年。根据变异数同质性检定考验结果，学校适应 p 值大于 0.05，表明这五个样本离散情形在此向度并未有明显差别；组织运作、课程与学业、转衔与就业、最少受限制环境 p 值均小于 0.05，表明在这些向度五个样本离散情形存在显著差别。整体考验结果发现，仅有组织运作向度（$F=3.617^{**}$）评价达显著差异水平，表示教师因接触残疾学生年限长度不同而对此向度服务符合程度评定有所差异。经事后比较发现，0—5 年接触经历与 16—20 年接触经历组别的教师评价呈现显著差异，0—5 年接触经历的教师对服务的感受性和评定显著高于 16—20 年接触经历的教师。推测是因为接触残疾学生年限越久就愈了解残疾学生身心发展特点及其在生活、学习、职业等方面的发展需求，因而可能对学校所提供的各项服务的期待和要求就愈加高。

10. 接触不同障碍类型残疾学生的教师对支持保障服务符合程度评价的差异分析

基于教师接触残疾学生类型多寡数量差异，将接触残疾学生类型的情况分为接触单一类型、两种类型、三种类型、四种及以上类型。就各向度支持保障服务符合程度评价平均数而言，接触到三种类型的教师对支持保障服务的评价最高，其次是接触到单一类型、两种类型的教师，最低是接触到四种及以上类型的教师。根据变异数同质性检定考验结果四个样本离散情形并未有明显差别。整体考验结果发现在五大服务项目评定均未达显著差异，表示教师不会因接触残疾学生障碍类型的多寡而对学校所提供的服务符合程度评定有显著差异。

（四）不同背景变项教师对支持保障服务重要程度评价的差异分析

1. 不同性别的教师对支持保障服务重要程度评价的差异分析

分析不同性别教师对支持保障服务重要程度评价的差异情形发现，组织运作、课程与学业、学校适应、转衔与就业、最少受限制环境向度考验结果未达到显著，表示不同性别的教师对学校各项服务重要程度评价并无显著差异。

2. 不同年龄阶段的教师对支持保障服务重要程度评价的差异分析

分析不同年龄阶段教师对支持保障服务重要程度评价的平均数发现，不同年龄阶段教师在各向度服务的重要程度评价分数上由高到低依次是 25 岁以下、25—35 岁、36—45 岁、46 岁以上。变异数同质性检定分析发现，组织运作、课程与学业、学校适应向度上四个样本的离散情形并无明显差别；转衔与就业、最少受限制环境向度上四个样本的离散情形有明显差别。整体考验结果发现，处于不同年龄阶段的教师对组织运作（$F=4.956^{**}$）、课程与学业（$F=3.509^{*}$）、学校适应（$F=5.960^{**}$）、转衔与就业（$F=5.152^{**}$）、最少受限制环境（$F=5.161^{**}$）的重视程度有显著不同。经事后比较发现，25—35 岁与 36—45 岁年龄组在组织运作维度重视程度显著不同，25—35 岁组别教师对服务的重视程度显著高于 36—45 岁组别。课程与学业向度各年龄阶段组别间评价差异并未达显著。25—35 岁与 36—45 岁、46 岁以上年龄组在学校适应、转衔与就业、最少受限制环境层面的重视程度显著不同，25—35 岁组别教师对服务的重视程度显著高于其他两组。张明璇（2018）亦发现残疾人高等教育资源教室的辅导人员在生涯评量、转衔服务因服务者的年龄不同而对残疾人支持保障服务内容重要程度的评定有所差异①。

3. 不同服务地区的教师对支持保障服务重要程度评价的差异分析

分析不同服务地区的教师对支持保障服务重要程度评价的平均数结果显示，较高的是南部、中部地区，中间是东部地区，较低的是西部、北部地区。变异数同质性检定分析结果显示组织运作、课程与学业、学校适应、转衔与就业、最少受限制环境 p 值小于 0.05，说明五个地区样本的离散情形存在明显差别。整体考验结果发现组织运作、课程与学业、学校适应、转衔与就业、最少受限制环境五大向度评价分数达到显著差异，表明不同地区教师对提供各项服务的重要程度观点明显不同。通过事后比较发现，东部、西部、北部三个地区的教师与南部、中部地区的教师对于支持服务重要程度的评价存在显著差异。南部、中部地区的教师对各项服务重要程度评价显著高于东部、西部、北部地区的教师。以上研究结果显示，不同地区间的教师对学校提供各项服务重要程度的看法存在较大差异。

4. 不同学历的教师对支持保障服务重要程度评价的差异分析

分析不同学历教师对学校支持保障服务重要程度评价的平均数发现，评分由高到低依次是本科及以下、硕士研究生、博士研究生学历教师。变异数同质性检定考验结果显示组织运作、课程与学业、学校适应、转衔与就业、最少受限制环境 p 值小于

① 张明璇．大专校院资源教室辅导人员角色之实践、期待与生涯定位［D］．台湾师范大学，2018.

0.05，表明这三个样本在这些向度上离散情形出现明显差别。整体考验结果发现五个向度评价分数达到显著差异，表示教师因学历的不同而对学校提供服务项目的重视度存在差异。事后比较发现，组织运作、课程与学业、学校适应、转衔与就业、最少受限制环境向度均是博士研究生学历与本科及以下学历、硕士研究生学历组别存在显著差异。本科及以下学历、硕士研究生学历教师对学校应提供支持服务重要程度评价显著高于博士研究生学历的教师。这可能是因为本科及以下学历、硕士研究生学历教师对残疾人高等教育支持保障服务项目的需求更为强烈。

5. 不同专业背景的教师对支持保障服务重要程度评价的差异分析

分析不同专业背景教师对支持保障服务的重要程度评价结果发现，就各向度服务评价平均数而言，普通教育相关专业背景、其他专业背景教师对服务重视度高于心理学相关专业背景、特殊教育相关专业背景的教师。变异数同质性检定考验结果显示组织运作、课程与学业、学校适应、转衔与就业、最少受限制环境 p 值均大于 0.05，表明这四个样本离散情形并未有明显差别。整体考验结果发现，组织运作（$F=5.859^{**}$）、课程与学业（$F=4.557^{**}$）、学校适应（$F=5.727^{**}$）、转衔与就业（$F=5.149^{**}$）、最少受限制环境（$F=4.509^{**}$）五大向度评价分数达到显著差异水平，表示教师因专业背景不同而对各项支持保障服务提供的重要程度评价存在差别。经事后比较发现，特殊教育相关专业背景与普通教育相关专业背景、其他专业背景组别评价呈现显著差异，均为普通教育相关专业背景、其他专业背景教师组别对学校各项服务提供重视程度显著高于特殊教育相关专业背景组别。由此说明，不同专业背景的教师在残疾学生支持保障服务的重要程度评定上有所差异。林育娴（2016）也发现高等院校资源教室辅导人员在服务残疾学生时所感知的工作困境因专业背景不同存在显著差异，心理咨询相关科系背景辅导人员在工作职责困境感受度显著高于社会工作相关科系的辅导人员①。研究者推测，或许是普通教育相关专业背景、其他专业背景组别的教师特殊教育理论知识基础、残疾学生辅导经验、实践技能与特殊教育相关专业背景组别的教师有所不同，因此几个组别对学校所提供服务的必要性和重要性的看法存在差异。

6. 不同职称级别的教师对支持保障服务重要程度评价的差异分析

对不同职称级别教师关于支持保障服务重要程度的评价结果进行分析发现，讲师职称的教师在评定服务的重要程度方面高于助教或副教授及以上职称的教师。变异数同质性检定考验结果显示组织运作、课程与学业、学校适应、转衔与就业、最少受限制环境 p 值小于 0.05，表明这三个样本离散情形出现明显差别。整体考验结果发现，组织运作（$F = 10.875^{*}$）、课程与学业（$F = 9.882^{*}$）、学校适应（$F = 12.430^{*}$）、转衔与就业（$F = 12.896^{**}$）、最少受限制环境向度（$F = 11.184^{**}$）评价分数呈现显著差异水平，表示不同职称等级的教师对学校各项服务提供的重要程度评定存在显著差异。经事后比较发现，助教、讲师与副教授及以上组别在各向度评价呈现显著差异，其中助教、讲师组别的教师对学校各项服务重视程度显著高于副教授及以上组别的教师。

① 林育娴．大专校院资源教室辅导人员辅导智能障碍学生困境与因应策略之研究［D］．台北教育大学，2016.

7. 不同职务的教师对支持保障服务重要程度评价的差异分析

比较担任不同职务教师对各项服务重要程度评定平均数发现，分数由高到低依次是班主任、其他、主任及以上职务组别。根据变异数同质性检定考验结果，组织运作、课程与学业、转衔与就业、最少受限制环境 p 值大于 0.05，表明这三个样本在这些向度离散情形未出现明显差别。学校适应 p 值小于 0.05，表明这三个样本在此向度离散情形出现明显差别。整体考验结果发现，组织运作（$F=10.793^{**}$）、课程与学业（$F=12.201^{**}$）、学校适应（$F=10.939^{**}$）、转衔与就业（$F=9.727^{**}$）、最少受限制环境（$F=10.359^{**}$）向度评价均呈显著差异水平，表示担任不同职务的教师对学校各项服务重要程度的评定有显著差异。经事后比较发现，班主任与主任及以上、其他职务组别对各向度重要程度的看法呈现显著差异，担任班主任的教师服务重要程度评定大于主任及以上、其他职务教师。此研究结果从已有研究中可循，黄馨仪（2015）探讨高中职特教教师在鉴定与评估、教学与辅导、支持与倡导、咨询与沟通、转衔与转介、行政与计划等向度重要程度评定情形，发现教师因职务差异对以上服务项目的期望有显著差异①。这可能因担任班主任职务的教师更多地是从残疾学生立场去考虑学校各项服务提供的必要性与重要性，而主任及以上职务的教师除了要考虑残疾学生身心发展特征，还要全盘思考政策制度、组织管理、经费投入与已有需求平衡等诸多因素。

---

① 黄馨仪．高中职特教教师对资源班教师角色期望及角色实践之调查研究［D］．中原大学，2015.

8. 不同工作年限的教师对支持保障服务重要程度评价的差异分析

探究不同工作年限教师对支持保障服务重要程度评定结果发现，就各向度服务评定的平均数而言，最高的是0—5年组别，中间的是11—15年、16—20年、6—10年组别，最低的是20年以上组别。根据变异数同质性检定考验结果，组织运作、课程与学业、学校适应、转衔与就业、最少受限制环境 p 值大于0.05，表明这五个样本离散情形并未有明显差别。整体考验结果发现，组织运作（$F=3.594^{**}$）、课程与学业（$F=3.021^{**}$）、学校适应（$F=4.045^{**}$）、转衔与就业（$F=4.588^{**}$）、最少受限制环境（$F=3.935^{**}$）评价达到显著差异水平，表示教师因工作年限的不同而对学校各项服务重要程度的评定有显著差异。经事后比较发现，0—5年与20年以上组别的教师评价呈现显著差异，0—5年教龄的教师对服务重要程度评定显著高于20年以上教龄的教师。本研究结果与蔡佳伶（2013）、张明璇（2018）研究有类似之处。蔡佳伶（2013）发现不同服务年限的教师在行政与计划、鉴定与评估、教学与辅导、支持与倡导、咨询与沟通等向度的角色期望有显著差异①。张明璇（2018）指出不同服务资历的资源教室辅导人员对残疾学生转衔服务项目重要程度的看法有所差异。此结果可能是因工作年限较短的教师教育教学和管理经验与20年以上工作年限的教师存在差异，相对来说，他们开展残疾人高等教育工作更需系统、完善、全面支持，故对各个项目的重视度较高②。正如林育娴（2016）探讨高等院校资源教室辅

① 蔡佳伶．公立高级中学身心障碍资源班教师角色期望与角色实践之调查研究［D］．台湾师范大学，2013.

② 张明璇．大专校院资源教室辅导人员角色之实践、期待与生涯定位［D］．台湾师范大学，2018.

导人员在支持智能障碍学生上的困境显示，辅导人员在残疾人高等教育工作上的困境因不同服务资历有显著差异，工作 9 年以上的辅导人员在工作职责方面的困境感受度显著低于其他服务资历辅导人员①。

9. 接触残疾学生不同年限的教师对支持保障服务重要程度评价的差异分析

对接触残疾学生不同年限的教师关于支持保障服务重要程度评价结果进行分析，发现平均数最高的是 0—5 年接触年限，中间的是 6—10 年接触年限、11—15 年接触年限，较低的是 20 年以上接触年限、16—20 年接触年限。根据变异数同质性检定考验结果，组织运作、学校适应、转衔与就业、最少受限制环境 p 值大于 0.05，表明这五个样本离散情形在这些向度未有明显差别。课程与学业 p 值小于 0.05，表明这五个样本离散情形在此向度存在明显差别。整体考验结果发现，组织运作（$F=7.842^{**}$）、课程与学业（$F=6.695^{**}$）、学校适应（$F=7.865^{**}$）、转衔与就业（$F=8.578^{**}$）、最少受限制环境（$F=6.883^{**}$）五大向度评价达到显著差异水平，这表示教师因接触残疾学生年限长度不同而对服务重要程度评定有显著差异。经事后比较发现，0—5 年接触年限与 6—10 年接触年限、11—15 年接触年限、16—20 年接触年限的教师在组织运作项目评价达到显著差异，0—5 年接触年限的教师在此向度上对服务重要程度的评价显著高于 6—10 年接触年限、11—15 年接触年限、16—20 年接触年限的教师。0—5 年接触年限与 6—10 年接触年限、11—15 年接触年限的教师在课程与学业、学校适应、转衔与就

① 林育娴．大专校院资源教室辅导人员辅导智能障碍学生困境与因应策略之研究［D］．台北教育大学，2016.

业、最少受限制环境项目重要程度评定达到显著差异，接触残疾学生 0—5 年的教师在这些向度上对服务重要程度评价显著高于 6—10 年、11—15 年接触经历的教师。这可能是因接触残疾学生年限较短的教师对残疾学生能力基准、发展需求的认知理解与接触残疾学生时间较长的教师有所不同。

10. 接触不同障碍类型残疾学生的教师对支持保障服务重要程度评价的差异分析

对接触不同障碍类型残疾学生的教师关于支持保障服务重要程度评价进行分析，结果显示，平均数较高的是接触单一类型残疾学生的教师、接触三种类型残疾学生的教师，中间的是接触两种类型残疾学生的教师，最低的是接触四种及以上类型残疾学生的教师。根据变异数同质性检定考验结果，支持保障服务各大向度 p 值大于 0.05，表明这四个样本离散情形并未有明显差别。整体考验结果显示教师不会因接触残疾学生障碍类型的多寡而对服务重要程度评价有显著差异。

（五）残疾人高等教育支持保障服务符合程度与重要程度相关分析

此部分以 Pearson 积差相关探讨残疾人高等教育支持保障服务符合程度和重要程度评价之间的相关关系。由表 3-3 可见，组织运作、学校适应、转衔与就业、最少受限制环境几大向度上，教师对支持保障服务实际执行状况（符合程度）与个人期待（重视程度）评价相关系数 r 值均在 0.546 至 0.970 之间，整体服务项目的实际执行现况与教师内心期待达显著相关。另外，组织运作、学校适应、转衔与就业、最少受限制环境向度上的重要程度与各大项目一一对应的符合程度评价呈中高度相关，这说明教师对残疾人高等院校所提供的支持保障服务认可度较高，所提供的各项服务实际执行状况与教师期待相互呼应。张明璇（2018）研究亦发现高等院校资源教室辅导人员在评价残疾学生生活辅导、心理辅导、宣传行政、学业辅导、生涯辅导、转衔服务等工作的实际现状与其认为辅导工作内容的重要性之间相关系数在 0.479 至 0.675 之间。具体到各个分维度上，组织运作、课程与学业、学校适应、转衔与就业、最少受限制环境等向度内的各个具体项目的评价也呈现高度相关关系，充分说明学校各个项目实际提供情形存在相互影响、相互作用的关系，教师对学校提供残疾学生各服务项目重要性的看法之间亦是相互影响、相互关联的情形。

表 3-3　支持保障服务符合程度和重要程度相关矩阵

变项	组织运作符合程度	组织运作重要程度	课程与学业符合程度	课程与学业重要程度	学校适应符合程度	学校适应重要程度	转衔与就业符合程度	转衔与就业重要程度	最少受限制环境符合程度	最少受限制环境重要程度
组织运作符合程度	1									
组织运作重要程度	0.749**	1								
课程与学业符合程度	0.861**	0.564**	1							

续表

变项	组织运作符合程度	组织运作重要程度	课程与学业符合程度	课程与学业重要程度	学校适应符合程度	学校适应重要程度	转衔与就业符合程度	转衔与就业重要程度	最少受限制环境符合程度	最少受限制环境重要程度
课程与学业重要程度	0.715**	0.945**	0.579**	1						
学校适应符合程度	0.876**	0.763**	0.804**	0.739**	1					
学校适应重要程度	0.739**	0.972**	0.575**	0.945**	0.802**	1				
转衔与就业符合程度	0.834**	0.602**	0.839**	0.595**	0.839**	0.613**	1			
转衔与就业重要程度	0.706**	0.953**	0.546**	0.932**	0.750**	0.959**	0.921**	1		
最少受限制环境符合程度	0.834**	0.602**	0.839**	0.595**	0.839**	0.613**	0.806**	0.641**	1	
最少受限制环境重要程度	0.720**	0.961**	0.562**	0.942**	0.764**	0.970**	0.600**	0.961**	0.595**	1

注：* $p<0.05$，** $p<0.01$。

（六）残疾人高等教育支持保障服务符合程度与重要程度评价回归分析

本部分主要探究性别、年龄、服务地区、学历等背景变项是否对残疾人高等教育支持保障服务符合程度与重要程度评定分数具有显著的解释力以及其解释变异量的大小。

1. 残疾人高等教育支持保障服务符合程度评价回归分析

分析结果显示，所有的背景变项中只有服务地区、接触残疾学生年限、职务等变项解释力达显著水平，这几个变项对支持保障服务发展符合程度评定分数联合预测力为14.5%。北部服务地区变项的增加解释量达9.1%，是主要预测变项，其他依次是接触残疾学生0—5年限、东部服务地区、主任及以上职务变项。其中服务地区变项标准化回归系数为负数，表示服务地区变项对支持保障服务服务符合程度评定分数为负向影响，即位于北部和东部区域的教师对于服务现况是较不满意的。

表3-4　逐步多元回归分析摘要（符合程度）

变项名称	多元相关系数（R）	标准化回归系数（β系数）	决定系数（R^2）	增加解释量（ΔR^2）	F值
北部服务地区	0.301	−0.333	0.091	0.091	28.269**
接触残疾学生0—5年限	0.336	0.121	0.113	0.022	18.022**
东部服务地区	0.361	−0.160	0.130	0.017	14.105**
主任及以上职务	0.381	0.128	0.145	0.015	11.959**

注：* $p<0.05$，** $p<0.01$。

2. 残疾人高等教育支持保障服务重要程度评价回归分析

分析结果显示，所有的背景变项中只有服务地区、接触残疾学生年限、职务、专业背景等变项解释力达显著水平，这几个变项对支持保障服务重要程度评定分数联合预测力35.9%。其中南部服务地区变项的增加解释量最大，是主要预测变项。第二和第三分别是接触残疾学生 0—5 年限变项、主任及以上职务变项，最末的是普通教育专业背景变项。标准化回归系数β绝对值越大越表示该自变项对依变项影响大，由此可知，β绝对值最大的是北部服务地区变项，表示该变项对重要程度评定分数具有显著影响。北部服务地区变项、东部服务地区变项、西部服务地区变项对支持保障重要程度评定分数为负向影响，即位于北部、东部、西部区域的教师对于支持保障服务的需求程度是稍低的。

表 3-5 逐步多元回归分析摘要（重要程度）

变项名称	多元相关系数（R）	标准化回归系数（β系数）	决定系数（R^2）	增加解释量（ΔR^2）	F值
接触残疾学生 0—5 年限	0.313	0.277	0.098	0.098	30.884**
南部服务地区	0.488	0.161	0.238	0.140	44.190**
主任及以上职务	0.521	0.174	0.271	0.033	35.007**
北部服务地区	0.536	−0.367	0.287	0.015	28.252**
东部服务地区	0.553	−0.322	0.306	0.019	24.723**
西部服务地区	0.579	−0.183	0.335	0.028	23.391**
接触三种类型的残疾学生	0.591	0.117	0.349	0.014	21.285**
普通教育相关专业背景	0.599	0.102	0.359	0.010	19.378**

注：* $p<0.05$，** $p<0.01$。

二、教师视野下的支持保障服务质性研究

在进行残疾人高等教育支持保障服务量化研究基础上，本研究采用质性研究方法，选取与支持保障服务具有最直接、最关键、最重要关系的服务提供者（管理者与教师），收集他们对支

持保障服务发展现况、问题及改善措施的看法，从而进一步完善教师视野下的支持保障服务研究。

（一）访谈对象

根据研究设计，访谈对象需符合以下条件之一：1. 从事残疾人高等教育研究的专家学者；2. 负责或参与支持保障服务相关制度制定的制定者；3. 残疾人高等教育支持保障服务提供者或管理者，如在校内担任书记、院长、系主任，或是在特殊教育资源中心等担任管理职务。本研究共邀请 16 位访谈对象参与，访谈对象资料如下表。

表 3-6　教师访谈对象基本资料表

编号	学历	职称	职务	工作年资	研究方向
T1	硕士研究生	教授	书记、院长	40 年	残疾人高等教育政策与管理
T2	硕士研究生	讲师	教师	7 年	盲人高等教育
T3	博士研究生	副教授	市聋协主席	10 年	聋人高等教育
T4	博士研究生	副教授	副系主任	6 年	残疾人高等教育管理
T5	本科	教授	特殊教育研究中心主任、名誉院长	42 年	残疾人高等教育支持保障服务
T6	博士研究生	副教授	书记	30 年	残疾人高等教育支持保障服务
T7	硕士研究生	讲师	教学部部长	8 年	聋人高等教育

续表

编号	学历	职称	职务	工作年资	研究方向
T8	硕士研究生	教授	院长	40年	盲聋人高等教育、手语翻译
T9	硕士研究生	讲师	教师	7年	盲人高等教育
T10	博士研究生	副教授	教师	21年	残疾人高等职业教育与考试制度
T11	本科	教授	院长	36年	融合教育、残疾人职业教育、辅助技术
T12	硕士研究生	副教授	院办主任	15年	残疾人高等教育政策与管理
T13	硕士研究生	教授	院长	21年	残疾人高等职业教育
T14	硕士研究生	教授	副院长	28年	残疾人高等教育基本理论与管理
T15	硕士研究生	教授	副书记、副院长	23年	残疾人高等教育基本理论与管理
T16	博士研究生	副教授	副院长	7年	残疾人高等教育

由上表可见，访谈对象皆任职于残疾人高等院校，来自华东师范大学、北京联合大学、长春大学、西南大学、重庆师范大学、南京特殊教育师范学院、郑州师范学院、郑州工程技术学院、长沙职业技术学院、滨州医学院等多个高校。访谈对象在残疾人高等教育领域具有深入研究，参与残疾人高等教育领域重大事项发展历程，承担残疾人教育教学与管理工作。此外，部分专家学者在中国教育学会特殊教育分会、中国高等教育学会特殊教

育研究分会、中国残疾人康复协会、教育部高等学校特殊教育教师培养教学指导委员会等机构任职，积极推动残疾人高等教育的发展，或是获得优秀教育工作者、交通银行特教园丁奖、青年骨干教师、扶残助残先进个人、特殊教育有突出贡献专家等荣誉称号。合理的访谈专家队伍能够提供有关残疾人高等教育支持保障服务发展现况、可能存在问题及未来走向的有效信息。

（二）访谈工具

1. 建立专家效度

依据文献研究和本研究目的构建《残疾人高等教育支持保障服务访谈表》初稿，逐步确定访谈的对象、实施方式、内容。之后，形成《残疾人高等教育支持保障服务访谈表（专家审查）》，邀请6位外审专家针对访谈提纲的整体架构、各题项质量与适用性进行审查，以确定研究信度，根据修正意见制作修正版的问卷。审查专家团队多元，结构合理，既有高等院校中提供支持保障服务的资深教师，也有从事视障教育的一线特级教师。审查前先和每一个专家学者取得联系，详细介绍本研究目的、问卷内容和作答方式，取得专家学者同意后进行专家效度建立。待专家意见全数回收后，研究者整理专家建议，再次确认题目的意义及内容的适切性。

2. 试探性研究

选取一位符合访谈条件的访谈对象访谈，进行试探性研究，严格遵循研究的目的与意义，按照访谈的程序、步骤进行，以此再次确认题目的适宜度、题意的明确性，最终形成《残疾人高等教育支持保障服务访谈表》正式版本。示范题目为：（1）学校所招收的残疾大学生障碍类别、障碍程度有哪些？这些学生在校生活与学习会遇到哪些困难？需要怎样的支持？（2）在教育入口、教育过程、教育结果层面，学校为残疾大学生提供了哪些支持保障服务？诸如入学考试支持、学业支持、课程支持、心理辅导支持、学校适应支持、无障碍环境支持、辅助科技支持、转衔与就业支持等；（3）学校为残疾大学生提供的支持保障服务质量如何？需要改进的地方有哪些？又该如何改进呢？（4）如果有必要设立一个专门的服务机构协调、统筹校内各单位，支持残疾大学生在校学习、生活与就业事宜，应该怎样筹建？机构定位、人员、资金、设备、辅助方式该如何安排？

（三）资料分析与处理

质性研究是社会科学领域普遍运用的研究方法，是对社会现象的经验研究，包括访谈法、观察法、历史研究、叙事分析、行动研究等多种资料收集方式。本研究使用访谈法收集质性资料，透过对重要人物的深度访谈来了解支持保障服务实施现状、问题等。半结构访谈对于访谈的结构具有一定的控制，能根据访谈对象的作答情况对访谈的程序和内容进行灵活调整，从而确保收集到所想要的资料。

正式访谈前，研究者准备好访谈题纲，明确了解想要访谈的方向及问题，同时了解参与者学术或专业背景，采用半结构开放性访谈，以深入访谈形式进行，第一次访谈时间约 1.5 到 2 个小时。第二、三次访谈是根据前次访谈结果，对仍存在疑问或需探讨之处进行新一轮访谈，尽可能真实、全面、完整收集资料。为追求研究的真实性和情境性，访谈结束后研究者立即将录音档案转为逐字稿。逐字稿完成后，一方面与访谈题纲进行对应，确认有无疏漏；另一方面仔细阅读，找出访谈中有无待进一步了解或进一步厘清的问题，若有则通过电话、微信、邮件形式与参与者再次联络。资料编码和分析程序具体步骤为：第一，资料整理。

也就是将访谈录音档案转誊为逐字稿，通篇以第一人称叙写，并做访谈资料代码处理。第二，沉浸阅读。即反复阅读所有质性资料，沉浸其中，深入掌握参与者关于残疾人高等教育支持保障服务的描述。第三，信息筛选。即根据主题对转录后的文本信息进行筛选，保留与主题相关、用以分析的文本。第四，分析意义单元。将描述拆解为小段，仔细处理每一细节，持续将与研究目的相关的字词、语句加以注记，从而把文字背后的潜藏意涵表现出来。第五，开放性编码。对原始文本进行开放性编码，若初始编码中包含多个话题则分别对每个话题进行编码。在编码中，若参与者话语能代表节点内容则直接采用参与者的话语。编码多个研究对象文本内容时，若能采用现有的编码则编码到现有的初级编码中，否则就新建编码。第六，构成主题。将不同意义单元中重复出现的要点，相类似的字词或语句予以归纳总结，即采用持续比较的技术对原始编码点聚类形成主题，逐步统整出具体的概念或解释，同时将无法形成潜在主题的节点在此归入其他。最终形成每个重点归属到一个主题范畴或是数个意义单元彼此连结呈现出的结构面向，从而呈现出支持保障服务发展现况。

为保证研究的忠实度，研究使用三角验证方式，将研究者所诠释的资料与先前的理论或研究结果相对照。同时，为了避免研究者的偏误，在资料分析阶段，研究者邀请 1 位协同研究者做主题编码以进行三方检证。首先，研究者和协助编码者反复阅读文本资料，进行开放性编码，尽量用参与者话语加以命名。整篇逐字稿标示命名结束后，再度阅读文本，看看是否浮现新的概念。其次，两人讨论开放性编码中命名的异同，就相异的编码达成共识，基于开放式编码建立概念类属之间的联结，确定更具概括性的主题类型。最后，运用主轴编码方式，对意义接近的主题作进一步归类、总结。

（四）研究发现

从教育入口、教育过程、教育结果结构层面分别说明学校所提供的支持保障服务。

1. 教育入口层面上的支持保障服务

教育入口层面的支持保障服务为在入学制度上支持保障残疾人入学权利。现有残疾人高等教育入学制度主要是单考单招、普通高考。单考单招始于 1987 年长春大学特殊教育学院，此后单独招考成为障碍者进入高等学校学习的主要管道，这种制度对于保障残疾学生平等接受高等教育、开发残疾学生人力资源发挥了重要作用①。研究参与者认为单考单招在保障残疾学生高等教育权益上发挥着重要作用，“在残疾人高等教育发展初期，单考单招非常适合残疾学生特性”（T8），“单考单招在保障残疾人进入高等学校、接受高等教育上发挥了积极作用”（T2、T8、T14、T15），同时对高等学校和残疾学生家庭均有利，“家长和学生在报考前进入学校参观，更了解学校整个环境”（T9），“单考单招较快捷，单独组织考试，学校运作上较容易”（T14）。因而，“在报考人数少，获准实行单独招考的特殊教育院校数量较少条件下，这种形式是非常适合高等特殊教育发展的”（T5、T12）。

然而，随着特殊教育事业的快速发展，报考学生数量和单独招考院校数量不断增多时，单考单招制度问题日益凸显：（1）单考单招考试难度相对低于普通高考，与普通高考的学生相比，报考单考单招的学生知识与文化水平相对偏低、生源质量稍弱，他们在入学后将面临着学习和就业困难；（2）单考单招报考专

① 黄伟，邓岳敏．残疾人高等教育单独招考制度的改革目标与形式选择［J］．中国特殊教育，2014，（07）：8-12.

业相对受限，各大高校允许单考单招的专业并不多；（3）单考单招增加了高校、学生家长、学生考试成本和经济压力，也给高中教学带来诸多困扰；（4）实行单考单招的高校之间可能存在生源竞争状况；（5）学校每年招生人数较不稳定，入学人数波动较大，且入校后残疾学生交往对象多为同障碍类别。按参考点编码看，增加学生考试成本与家庭压力问题最为凸显，主要是因各大院校开展单考单招工作时间不同，考试科目也不统一；其次是给高中教学带来困扰；再次是考试难度相对低于普通高考，报考学生的素质问题；接着是高校之间生源竞争、交往对象多为同障碍类别；最后是每年招生人数较不稳定。黄伟和邓岳敏（2014）亦提到单考单招形式在一定程度上存在增加高校的招生成本、加剧高校之间的生源竞争、打破高中正常的教学秩序、加重师生的负担、增加了家庭经济负担的弊端。

与此同时，国家对高考体检标准的改革与《残疾人参加普通高等学校招生全国统一考试管理规定》颁布，使得残疾学生参加普通高考的人数逐年递增。参与者指出随着融合教育发展，通过普通高考入学是趋势。从报考人数来说，“参加普通高考人数在逐年增加”（T5），“规模不断扩大”（T10），障碍类别不断扩展。相对来说，肢体障碍与听力障碍类别可能更倾向于参加普通高考。“肢障学生参加普通高考是没有问题的，包括听力障碍学生，免除英语听力后就不太需要额外帮助。”（T16）残疾人参加普通高考对于测验公平性、测试开发、便利设计、测验实施等都提出更高要求①。在此情形下，考试合理便利尤为重要。近年来合理便利概念得到不断充实和完善。然而，短时间内大规模推

① 田霖，韦小满．我国残疾人参加普通高考的问题与对策［J］．中国特殊教育，2015，（11）：3-7+42.

进残疾学生通过普通高考入学普通高校是有难度的，缘由是多方面的。一是受到障碍类别和障碍程度影响，“某些残疾学生进入融合教育是存在障碍的，全盲学生放在普通专业学习是有一定障碍的”（T12）；二是限于学校办学经验和办学历史，“对于学校而言，若是盲生和聋生教育方面缺乏经验，步伐太快容易出现问题，这是一个趋势，但步伐不会迈得很快，各校进展也不一样”（T12）；三是特殊教育学院和融合教育对残疾学生的关注度和支持或许不同，“相比于特殊教育学院就读而言，在普通大学就读的聋生可能获得的关注度不够”（T3）。

2. 教育过程层面上的支持

教育过程层面上的支持保障服务是指运用各项服务为残疾大学生创设无障碍学习环境[①]，研究参与者表示学校提供的服务主要有课程与学业、学校适应、最少受限制环境等服务。

（1）课程与学业支持

研究显示，学校提供了全面、广泛的课程与学业支持，诸如提供替代性学习材料、调整学习内容与形式、使用个别化教学设计、调整座位、同伴协助学业、调整考试内容与形式、提供课后学业辅导等，同时根据学生个别化需求制定课程与学业支持内容、范围及程度。每个残疾学生所获得的支持服务措施可能具有相同性，也有可能具有差异性，可能是单一的支持也可能是多元的支持。例如，当残疾学生在学习资料上存在困难就调整资料呈现形式。“学生修读英语第二专业，所有教材都翻译成盲文或音频资料。”（T2）当残疾学生学习过程中存在困难就给予充分的支持。“为其课上提供辅导、教学上使用符合学生发展特征的图

---

① 王珍珍．中州大学聋人高等教育的现状、问题及对策［J］．中州大学学报，2013，30（03）：91-94.

片和视频、请小伙伴帮忙记笔记和作业、调整考试形式，座位安排也让他坐在第一排。”（T7）

①调整或制定人才（课程）培养方案

针对残疾学生身心发展特征、需求及优势制定人才培养方案、课程培养计划，“在课程上选择适合自己的课程修习，招的10位学生培养方向也不同”（T7），再制定针对性的教学计划和教学大纲，“教务处考虑盲生实际情况在培养计划上进行修改，如体育课、计算机课、高等数学课等课程进行了调整”（T4）。

②设立双学位或辅修学位

学校设立双学位或辅修学位拓展残疾大学生视野，帮助他们全面提升知识和文化素养。“长春大学目前有200多位视障学生取得辅修的结业证明”（T5），长春大学、北京联合大学、天津理工大学、郑州工程技术学院、滨州医学院等多校举办的融合教育实践也使残疾学生进入更宽广的学习领域。例如，北京联合大学的聋生可以选修全校范围内的辅修专业，并有学生取得会计学专业的学位证书①。郑州工程技术学院积极探索聋人随专业就读模式，由设立聋人班级的专业和特殊教育学院共同制定人才培养目标、专业教学计划，既有利于教育资源的共享，又能兼顾课程建设、教学内容、教学方法的科学性和针对性，为聋人大学生提前适应社会奠定了基础②。长春大学视障生辅修专业后在就业竞争中占有明显优势，就业能力得到提升，15%的毕业生从事与辅

① 刘志丽，李晗静，许家成．聋人高等融合教育的学习支持服务探究［J］．北京联合大学学报，2018，32（02）：79-83.

② 王珍珍．中州大学聋人高等教育的现状、问题及对策［J］．中州大学学报，2013，30（03）：91-94.

修专业相关的工作且受到工作单位较高的评价[①]。

③调整课程内容与形式

其一，使用替代性教材，为盲生提供盲文教材、有声读物保证教学质量和学习效果。例如，长春大学以视障资源中心为平台，按照“优化视障资源设备，统一管理、开放高效、管理科学”原则加强盲文教材建设，将专业课中的主干课教材翻译成盲文教材，并让视障大学生携带录音笔录制授课内容，语音制作教师为不同需要的视障大学生录制语音教材和学习资料[②]。其二，简化或扩展课程学习内容。“计算机应用专业对健全学生要求相对较高，需要掌握广泛的知识背景。对残疾学生的要求则是把知识点吃透、学好，比如在图片处理上的要求是将来能从事摄影店照相、摄影及后期图片处理”（T13），“舞蹈和美术方向的听障学生外加了很多舞蹈和美术课”（T7）。或是加强实习实训提升学生实践经验，增加其与社会接触的机会，为以后就业奠定良好基础，“延迟实习实训时间与内容，到了临床的实训课程，第一年见习我们也让盲生上课，有推拿实训的课，实训的过程要长一些”（T9）。何海燕、赵飞（2015）研究亦反映北京联合大学视觉传达专业采取了到设计公司顶岗实习的方式，由企业提供场地、设备、指导教师，学院配备手语翻译教师，让学生以设计师、生产操作人员的身份参与公司的研发、设计、生产等环节[③]。

---

① 徐明．视障大学生全纳教育专业设置思考［J］．长春大学学报，2013，23（11）：1493-1495.

② 赵钢．高等视障教育辅修专业教学模式的探索与实践［J］．长春大学学报，2010，20（10）：87-89.

③ 何海燕，赵飞．针对听障生“工艺手绘”课程教学方法探究［J］．大学教育，2015，（04）：176-177.

④调整教学形式与方法

教学内容与方式的选择围绕着残疾大学生独有的感知方式进行，采取适宜他们心理和能力发展特征的教学模式。例如，“教学环节设计考虑学生特点”（T5）；“结合学生特点提供各样的学习方法”（T11）；“根据学生心理特点呈现教学内容，让教学内容更具图片化，知识传递更条理化，更加注重总结；方法上多做一些举例、示范、比较，加强类比、对比、直观教学等运用”（T7）。

⑤提供课程学习必要的辅助条件

课程学习辅助条件多为手语翻译、实时翻译、读屏软件、教学模型等。T10 反映：“盲生上课可以用录音笔录课。聋生上课时学校用设备把课堂录制下来统一制作字幕。现在科技是比较方便的，基本都可以转换成实时字幕的。”研究发现，手语翻译在聋生课程中使用频率高、形式多样，有的学校对授课教师进行手语翻译培训，要求教授教师用手语与学生进行交流与教学；有的学校搭建了手语翻译平台，邀请普通师生为聋生参与的课程、会议、活动提供翻译；有的学校则通过外聘手语翻译教师与授课老师合作实现课程讯息传递。王珍珍（2015）研究亦显示为提升课堂效率，学校将配备手语翻译员与教师手语教学，多媒体教学和板书、印发讲义有机结合①。

⑥调整考试形式与内容

研究显示多所学校都很重视残疾学生考试形式调整，并基于残疾学生障碍特征采用适合的考试方式。例如，低视力同学使用大字版试卷，全盲学生使用盲文版试卷，设置单独考场，延长考

① 王珍珍．基于就业困境的聋人高职教学改革初探［J］．中州大学学报，2015，32（04）：125-128.

试时间。

⑦提供课后辅导

为促进残疾学生真正理解、掌握知识，获得成就感，学校为其提供了专门的课后辅导服务。服务人员既有教师，也有同伴；服务内容既包括学业辅导，也包括作业辅导、考前指导。“有志愿者和系里老师定期组织课业指导活动，在考试前或学期中的时候做个别的辅导。”（T4）“（同学）组建班级学习小组主动帮助残疾学生。”（T6）

（2）学校适应支持

①生活协助与经济支持

生活适应方面的支持服务主要包括以下几点：其一，安排专责的生活教师或辅导员负责，志愿者提供残疾学生在校期间生活服务。“一般来说，学校都有配置专门的辅导员或班主任为残疾学生日常生活服务。”（T10）同时学院成立志愿者服务队，召集多名志愿者协助残疾学生日常生活。T4 说：“每一届都选派一名小辅导员（普通学生）负责这群盲生生活和教学事务。”“盲生到校园外买东西时由普通同学提供帮助。”（T1）或在寝室安排上实施残健共住，一一配对普通学生志愿者协助。“生活上聋听混合住宿、互相帮助、增进交流。”（T3、T8）其二，提供专业的康复训练，包括定向行走训练、康复治疗等。“入学时就进行盲生定向行走培训，增强盲生的定向行走能力”（T6），“提供肢障学生康复治疗手段，由康复医学院的老师对他们进行康复训练”（T9）。其三，减免就学费用与提供奖助学金。国家级奖学金、校级奖学金、助学金、康复基金、文强自强奖学金都是向全体残疾大学生开放的，同时也设立残疾学生奖助学金，建立单独的奖助贷体系。“对残疾学生免除学费。国家励志奖学金和助学金在评选中优先考虑残疾学生。学校每年都有助学活动和捐助公

益活动支持残疾学生。比如助残日评选助残之星、自强之星并提供经济支持。”（T13）

②心理健康辅导

其一，学校设立心理咨询室，与学院教师通力合作，心理咨询师、辅导员、生活老师等多角色人员通过多方介入和关怀为残疾学生提供全面的心理咨询服务。T9 反映：“学校有心理咨询中心，学院在学工办公室也有辅助员协助疏导他们的心理。”T14 说：“考虑到交流方便，我们招聘了专门的聋人辅导员，辅导员要理解聋生，用手语与聋生沟通。”其二，高度重视残疾学生身心健康发展，定期安排专人调查残疾学生心理发展状况、建立残疾学生身心健康档案，一旦发现问题就及时干预。“学工办的老师特别负责，很关注残疾学生心理健康，一发现有不对的苗头就提早预防。”（T9）其三，为所有残疾学生开设心理健康课程，积极邀请普通学生和残疾学生共同活动。“安排普通学生和聋生一起住，互相建立感情，一起去旅游、一起参加活动、一起打比赛，这对于聋生增进社交能力和提高自信力是无形的力量。”（T8）

③人际互动支持

首先，基于残疾学生身心发展特征开设专门的人际交往专业课程，提高其人际交往意识和能力。例如，“针对聋生开设聋人与社会、聋人阅读与写作、聋人人际沟通心理三门课程”（T8）或是“独创大学语文、手语与聋文化、人际沟通三位一体沟通体系课程”（T3）。其次，提供残健融合活动，积极鼓励残疾学生和普通学生共同融入校园环境。例如，鼓励在社团中实现残健共融。“我们鼓励学生多参加全校性社团，而不单是参加学院社团活动。他们多参加全校性的活动可以多跟其他专业的同学学习，学生之间的交流也会有不同的收获。”（T9）“校园活动积极邀请盲生一起参与，和普通学生一起担任志愿者。”（T4）最后，提供残疾学生人际交往和社团活动过程所需的资源和支持服务，“残疾学生参与社团活动需要任何支持由学院提供帮助，例如，社团需要提供替代性的纸本或电子材料就由学院协助提供”（T9）。

（3）最少受限制环境支持

学校偏重在无障碍环境营造方面，主要包括：①调整教室布局，例如将桌椅尽量摆放成 U 型，将教师讲台置于教室一侧，将机房或实验室内计算机等设备嵌入操作台，使残疾大学生视野开阔，便于看清教师和同学的口型，同时“在教学上充分调动聋生视觉优势，调整教室布局”（T1）。②基于残疾学生身心特征和需求调整住宿环境，“盲生是双人间，房间是低床，每个房间都带洗手间，每层都有热水器”（T2），“入学前提前了解残疾学生需求，当时有个同学身高特别高就调整床的尺寸”（T4）。③合理安排学习与生活场所位置，包括教学楼与住宿楼接近或建立专门的生活服务楼。④建设无障碍校园场所、提供各类无障碍设施与设备，诸如设置盲道、坡道、无障碍交通车、声光门铃、下课提示灯等，“盲道铺设到所有的教学楼和行政楼”（T2），注重在校内营造开放、包容、接纳的环境，鼓励所有普通人给予残疾学生及时的帮助，“食堂的师傅都知道学校有视障生，盲生购买食物不方便时他们都会协助，非常热心的”（T9），“特殊教育学院有备用电动机，盲生不方便外出、快毕业或快下实习点时需要运送大量行李就可以申请用电动机运输物品”（T9）。⑤提供无障碍活动参与服务，如聋生参与的所有大型会议与学术活动都配置手语翻译。辅助科技服务主要是提供残疾学生学习和生活辅具。例如，“在实践教学中专门为盲生配置教学设施、盲文软件，允许他们以听的方式进行知识学习”（T2），“聋生的教室设置上下课提示灯”（T10）。

3. 教育结果层面的支持

教育结果层面的支持即转衔与就业支持服务。研究显示，学校非常重视残疾学生教育出口问题并采取多项措施积极推进残疾学生顺利转衔，主要服务包括升学与就业两方面。在升学方面的服务包括提供访学项目、升学考试资源、考试服务。例如“鼓励学生考研或出外留学”（T10），“盲生升学时需要备考的学习资料，学院来满足其需求”（T9）。就业方面的服务涉及面广，共计八项：（1）职业种类的指导，“开设聋人与社会课程，内含聋人与工作、就业求职信、聋人创业规划书、聋人走进社会、社会接纳聋人等主题”（T8）。（2）职业选择与规划指导，“对全体残疾学生进行新生指导、生涯规划指导，特别注重与他们就业相关信息的指导与规划”（T4），“在残疾学生选择就业单位时提供指导，帮助他们考虑一些客观信息，如距离、收入、就业工种”（T7）。（3）就业知识与技能的培训与指导，包括就业软技能训练、职业培训、就业引导、就业前心理辅导、面试指导和简历修改等。（4）提供职业发展信息，举办就业相关活动，如就业座谈会、招聘会、定向就业培训等。（5）提供实习实践，建立一系列实习实践基地，并提供残疾学生实习经费保障。（6）充分利用校内外资源协助学生就业，包括推荐就业、利用家庭资源、联络当地残联、联络就业单位等，“采取校企合作方式，建立就业基地集中安排学生就业或基于学校特殊教育平台资源促进他们顺利就业”（T15），“创办聋艺画廊，与上市公司合作，招募人员来监管、指导发展，学校负责输送生源，保障第一批聋人在聋艺画廊就业 3 年，聋人学会了再去另一个地方办画廊”（T10）。（7）构建创业创新机制，成立创业创新基地，提高学生创业能力，例如“建立创新校企合作办学机制”（T10）、“成立创业创新基地，目前学院有七八个团队一起协助学生创业”（T5）。（8）开展职后追踪和辅导服务，“聋生工作后我们提供的支持是工作场所配手语翻译”（T8），“尤其是同一家企业里有五个或以上残疾（学生）就业就安排专门人定点提供职业跟踪和辅导服务”（T10）。

如此完善的支持服务使得各校残疾学生升学和就业状况乐观。T2 说：“学生在大学期间视野开阔，有的就升学读研了。”T9 提到：“视障学生推拿专业就业形势越来越好，长沙地区的按摩医院择优录取，还有很多大型的保健按摩机构和连锁店都有视障学生在工作。而且这一届优秀视障毕业学生直接留在北京按摩医院工作了。”T14 说：“学生就业很好，有的学生在实习时就被艺术团挖走了，也有的学生去国外演出。”杜颖颖（2010）研究亦发现残疾大学生就业得到充分、多元的支持，包括开设就业指导课程、安排教师负责就业事宜、就业指导贯穿整个大学阶段、提供就业信息、举办专场招聘会、推荐就业、支持自主创业等[①]。然而，参与者亦反映就业支持系统依然面临着一些困难，有来自残疾学生的障碍，比如障碍特征和程度限制、职业知识与技能不足、就业岗位自我期待高、工作不稳定；有来自就业单位的障碍，比如行业标准的限制、企业考虑经济效益和发展；有来自社会环境的障碍，如“用人单位接纳度和宽容度需要提升”（T14、T6、T16）；有学校专业或资源覆盖面的限制，“某些就读专业可能使得残疾学生就业面变窄或不太适合残疾学生就业”（T6），“残疾学生来自全国各地，学校可能没办法将资源完全覆盖到所有学生的生源地，帮助每个残疾学生顺利就业”（T15、T14、T13）。

① 杜颖颖．视障高等教育现状、问题及对策研究［D］．华东师范大学，2010.

进一步分析发现，教育过程和结果层面上的支持服务内容有侧重，学习、生活、心理健康、无障碍环境、就业服务全面，人际沟通与交往、辅助科技服务相对偏少。从参考点来看，学业服务排前四的是调整人才培养方案或课程培养方案、调整课程内容与形式、提供课程学习必要的辅助条件、调整考试形式与内容。生活服务中排前三的是减免就学费用与提供奖助学金、安排室友同住提供协助、提供定向行走训练。心理服务中排前三的是提供心理咨询服务、多方介入与关怀心理发展、定期调查心理发展状况。人际交往服务中排名前三的依序是鼓励融入校园生活、鼓励参与社团并提供资源、开设人际交往课程。无障碍环境服务则先建立必要的无障碍学习与生活场所（如教学楼、生活楼），接着扩大至整个校园的无障碍环境，之后再注重校外无障碍协助。辅助科技服务则按照课堂教学辅助科技至生活中辅助科技顺序提供。在转衔服务上重视就业服务，服务是全面而广泛的，职业选择与规划培训、提供实习见习机会、就业知识与技能的培训与指导、提供职业发展信息与咨询、举办就业相关活动相当重要，是每所学校在就业服务中不可或缺、长久进行、发展比较完善的项目。升学服务主要是提供升学考试资源或合理便利的考试服务。已有研究亦显示，高等院校提供残疾学生的就业转衔服务是多元的，首先是积极宣传，向就业单位宣传残疾人就业政策，与多家企业建立合作关系；其次是多方调动，召开毕业生家长会，介绍就业政策与形势，发挥多方力量帮助学生就业；再次是就业实践，在多个公司建立残疾大学生实习基地①。

---

① 王珍珍．中州大学聋人高等教育的现状、问题及对策［J］．中州大学学报，2013，30（03）：91-94.

4. 支持保障服务未来发展方向

（1）进一步健全政策与法规

根据编码结果，未来发展方向是：第一，需要进一步细化残疾人高等教育领域的政策和法规内容，使其更加便于操作、执行，例如政策内容应涉及残疾学生入学考试、统一考试、研究生教育等具体问题内容。第二，重视高素质师资队伍建设，健全师资考核机制，T10 提出："要特别关注授课教师特殊教育素养提升，改进其教育理念、沟通手段，提高其教育能力。同时给予这些教师相应的待遇，比如用汉语和手语共同教学的教师在教学工作量上是否可以区别计算？"第三，再加强就业政策的制定与贯彻执行力度，提高残疾学生就业质量，包括"扩大就业面，福利性企业开始向残疾人倾斜"（T2）、"因地制宜开设一些福利性企业"（T10）、"号召事业单位和社会企业进一步落实就业政策"（T13）。除此之外，更有研究参与者提出在就业市场上残疾学生和企业要实现双向奔赴，高校要努力提高残疾学生职业知识与技能，让其符合企业用人标准。"就业方面政策规定企业要残疾学生，不如提高残疾学生培养质量，让企业主动提出要残疾学生去工作、按比例要，这样才能真正保障残疾人在就业方面的权益。"（T14）

（2）改革入学制度

在入学制度上，参与者期待单考单招形式进一步完善，包括控制单考单招学校数量，"实行单考形式学校短期内不需大规模增加"（T5），推动统考和单考单招统一组织考试、统一录取。在普通高考方面，未来除保障残疾人参加普通高考、享受考试合理便利条件等已有权益外，还需在以下几个方面完善：第一，改善普通高考多元升学入学制度，包括增加残疾学生特长生考试、注册入学、推免入学制度等。例如，"选择品学兼优、特殊超常学生或某方面特别突出的残疾学生推免入学”（T11、T16、T3）。第二，普通考试制度按照原有方针制度执行，同时基于障碍学生特征微调。“该考还是考，考试形式可能有变化”（T1），比如考试提供合理便利、考试形式考虑残疾学生需求。第三，单考单招和普通高考形式合并，即在“普通高考中纳入单考单招，使其与普通高考的形式与制度大致相同”（T10、T16）。为达到以上标准，基础教育阶段需要重视残健融合，让残疾学生可以尽早、充分地与普通学生融合，视其特殊需求提供学习教材、学习目标、学习内容、学习方式等方面的调整，但调整要适量，最大限度地保障他们与普通学生保持同等的学习内容和同样的学习速度，以此提升其学习能力、增加其文化知识和增强其能力素质。

（3）再扩宽障碍类别

在高等教育阶段的招收障碍类别上，除却目前招收的听觉障碍、视觉障碍、肢体障碍、精神障碍类别外，其他障碍类别正在或将逐步纳入高等教育体系。多位参与者认为生理自理强、情绪和行为障碍较轻的残疾学生在学校提供支持服务的帮助下有能力完成学业。因此应在尊重残疾学生及家庭教育需求和意愿基础上扩大高等教育阶段招收障碍学生的学校和专业，并积极研究不同障碍学生入学形式、教育过程质量保障、教育出口落实。“专业设置最主要是根据残疾学生具体情况来增加”（T6），需要“考虑残疾学生是愿意早点进入职业还是继续深造的问题”（T16）。

（4）全面完善教育过程内的服务内容

陈更娟、于松梅（2013）指出残疾人高等教育支持保障服务应朝着全面性、整体性、生态化的格局发展①。本研究结果显

① 陈更娟，于松梅．论我国高等融合教育支持系统建构——基于生态系统理论的探讨［J］．毕节学院学报，2013，31（02）：71-76.

示，教育过程中的服务改善方向包括：①制定科学适宜的人才培养方案、提供残疾学生个别化服务。即需要基于残疾学生发展需求和现有能力，结合通用学习设计理念调整教育教学，形成让包括残疾学生在内的所有学生都能无障碍学习的教育形态。T1 说道："我们已经围绕残疾学生需求去设计教育过程了，但问题是现在残疾学生的障碍程度不同，针对残疾学生个别化特征，单独面向个体的教育方案可能更有效。"的确，残疾学生障碍出现的时间、障碍损失程度、能力发展现况、家庭环境、发展需求等方面的差异因素导致他们在认知、生活、学习、社交及社会适应能力方面出现差异性。残疾学生的差异性呼唤个别化教育计划，实施个别化教育计划也是特殊教育发展的内在要求[①]。不过，高校在制定残疾大学生个别化教育计划前需要规范自我教育行为，做好前期调研工作，即根据学生职业生涯规划对其职业素质进行测试、基于测试结果量身定制个别化教育计划，真正实现个别化教育[②]。②健全奖助贷体系。多位研究者均指出残疾学生康复训练需求很大，额外的康复训练给残疾学生家庭带来了较大的经济负担，这对他们求学之路具有障碍，希望高校进一步健全奖助贷体系以为残疾学生参与高等教育扫除障碍。③进一步完善无障碍环境，包括提高公众意识，确保残疾学生平等享有与健全学生相同的权利，定期勘察并改善校内无障碍物理环境。④教授残疾学生休闲娱乐方式，丰富残疾学生休闲娱乐生活，"残疾人休闲娱乐比较少，学校要提供其休闲娱乐场所"（T7）。⑤提供多元、丰富的辅助科技服务。目前学校提供残疾学生的辅助科技服务数量

---

① 王美娜．对特殊教育学生个别化教学的实践与研究［J］．科技资讯，2012，(01)：192.

② 刘建平，祝平．对残疾大学生实施个别化教育计划的思考［J］．计算机教育，2013，(06)：55-57.

较少、类别也不多。但是“残疾学生自主购买辅助科技意识弱，家庭购买能力可能也比较差，学校需要在这方面进行改进”（T10）。学校要充分利用科技支持残疾学生克服生活、学习、沟通障碍。例如，教学中使用语音辨识技术显著提高残疾学生与普通教师之间的沟通效率[①]，采用实时字幕让聋生无障碍地获取信息，也为健听学生中的视觉型学习者带来便利[②]。或是在教学中突破纸质学习资源范围，借助多媒体技术、模拟技术等数字化、虚拟化方式直观呈现抽象概念，以机器人模拟等形式表现逻辑关系，并在内容呈现上通过色彩搭配、字体变化突出重点以缓解聋生单纯依靠视觉通道易受到的视觉疲劳[③]。除此之外，微信公众号也可以让残疾大学生学习更快捷、全面、有趣味，其完善的学习反馈反过来又推动了残疾学生的教学进度[④]。⑥完善职业教育服务。刁春好（2011）建议通过校企合作方式，采取分析残疾学生个性特点，构建人职匹配的个性化课程体系、工作和学习结合的实践体系、多元开放的评价体系和广泛的社会化专业支持体系等措施解决就业范围受限的问题[⑤]。

多数参与者赞同校内设立专门的服务机构协调、统筹、支持残疾学生事宜。其一，这类机构定位应是支持残疾学生在校各种事务，“专门以（为）全体残疾人高等教育院校教师和残疾学生

---

① 富志伟．我看“聋人信息无障碍”［J］．中国残疾人，2007，(10)：55.

② 韩梅，鹿彩玲．中、美大学聋人大学生就业服务支持体系对比研究［J］．教育探索，2010，(11)：153-154.

③ 刘志丽，李晗静，许家成．聋人高等融合教育的学习支持服务探究［J］．北京联合大学学报，2018，32（02）：79-83.

④ 吴雅慧，葛修娟，许慧静，等．基于微信公众平台的听障大学生移动学习现状调查研究——以南京特殊教育师范学院为例［J］．中国教育信息化，2017，(17)：23-25.

⑤ 刁春好．残疾人高等职业教育：成就、问题及对策［J］．继续教育研究，2011，(03)：21-23.

服务为宗旨”（T16、T2、T5、T9、T8、T11）。其二，该机构应组织结构健全，“隶属于特殊教育学院、特殊教育系”（T11、T14）或属于“学生处下设的机构”（T16）。该服务机构应能够协调、统筹校内所有单位和资源为残疾学生服务，也就是“把校内的资源集合起来为全校的残疾学生提供支持，且残疾学生需要怎样的支持，学校就提供怎样的支持”（T16）。其三，该服务机构应配置专职人员的同时要求特殊教育教师充当培训和咨询角色推进服务发展。服务机构内的所有的工作人员都要提高服务的专业性，延伸服务内涵，“服务人员需要不断送出去进修，掌握新的技能来适配该岗位”（T12），“无论是残疾学生入学、教育还是就业，学校都应该积极关注，从学业、生活、就业方面给学生提供全面的支持”（T16）。同时工作人员要扩展服务对象、扩大服务范围，积极为校内所有残疾学生及校外的残疾学生提供支持，“校内的残疾学生要提供支持服务，就近其他高校中有需求的残疾学生也要提供支持”（T5）。其四，该机构应资金充足、具使用权，且设施设备丰富、与时俱进、及时更新，至少需要配齐残疾学生在校学习、生活所需的设施设备，以及教师教育教学所需的设施设备。

第四章　残疾人高等教育支持保障服务的调查研究——基于残疾学生视野

为进一步完善学校支持保障服务，提升支持保障服务品质，促进残疾学生全面发展，本研究综合服务提供者与服务接受者两大视野调研学校所提供的支持保障服务。本章在研究残疾人高等院校教师对支持保障服务观点与看法的基础上，采用量化研究方法与质性研究方法综合的方式对残疾学生关于支持保障服务的观点与看法进行分析，以期全面、深度、完整地展示残疾学生在支持保障服务上的感受与体验，以期为学校进一步完善支持保障服务，提高服务质量提供参考。

一、残疾学生视野下的支持保障服务量化研究

（一）研究设计

1. 研究对象

本研究采取立意取样方式，从前述的 18 所残疾人高等院校中选取来自长春大学、北京联合大学、郑州师范学院、南京特殊教育师范学院、广州大学、重庆师范大学这 6 所高校的视觉障碍和听觉障碍学生作为调研对象。选取考虑因素如下：第一，考虑残疾人高等院校所处的地域，地域尽量覆盖东西南北中。第二，

考虑学校残疾人高等教育办学历史与经验丰富性，尽量选取在所处地域上办学经验丰富的高校，针对这些高校的支持保障服务探究所发现的问题及提出的优化策略对其他残疾人高等院校具有参考意义。三是考虑学生的障碍类型，所调研的对象有视力障碍学生，也有听力障碍学生。

本研究共发出问卷 944 份，回收问卷 944 份，回收率为 100%。回收后筛选无效问卷 64 份，最终获得有效问卷 880 份。研究对象基本信息如下：（1）男生 405 人，女生 475 人；（2）20 岁以下的学生 174 人，20—25 岁的学生 676 人，26 岁以上的学生 26 人，30 岁以上的学生 4 人；（3）本科层次的学生 733 人，专科层次的学生 147 人；（4）大一年级的学生 211 人，大二年级的学生 237 人，大三年级的学生 267 人，大四年级的学生 154 人，大五年级的学生 11 人；（5）听力障碍学生 752 人，视力障碍学生 128 人；（6）一级损失程度的学生 629 人，二级损失程度的学生 189 人，三级损失程度的学生 38 人，四级损失程度的学生 24 人；（7）家庭所在地是农村的有 551 人，家庭所在地是城镇的有 329 人；（8）在进入高等院校前是初中学历的 18 人，中专学历的 83 人，高中学历的 727 人，其他学历的 52 人；（9）大学前安置形式是普通班的 219 人，资源班的 25 人，特殊教育学校的 774 人①；（10）入学管道是单考单招的 604 人，普通高考的 276 人。

2. 研究工具

本研究问卷参考王晶（2008）关于视障大学生学校支持保障服务需求度与满意度研究②、施养涵（2006）听觉障碍大学生

---

① 存在多元安置形式的学生，即在大学前曾经历过多个安置形式的学生，故总人数不为 880 人。

② 王晶. 视障大学生学校支持性服务的需求与满意度研究［D］. 辽宁师范大学，2008.

接受支持保障服务需求与现况调查研究[①]、林月仙与何明珠（2013）高等院校资源教室辅导经验分享——以虎尾科技大学为例研究[②]、曲智矿（2009）对残疾大学生支持保障服务满意度与校园整合关系研究[③]、林佩俞（2013）对残疾大学生支持保障服务需求与满意度研究[④]、马宇（2014）对我国残疾人高等融合教育支持体系研究[⑤]等，基于本研究目的确定问卷框架。具体问卷的框架分为两部分：第一部分是残疾大学生基本资料，包含性别、年龄、接受教育的层次、年级、障碍类别、损失程度、家庭所在地、进入大学前学历、大学前安置形式、入学管道等。第二部分进行问卷内容的调查，以学校所提供的特殊教育服务内容为主。汪海萍与赵伟时（2017）将学校支持保障服务分为资源建设、学业支持、就业支持三大层面[⑥]；陈秀芬与张正芬（2013）将支持保障服务归纳为生活辅导、学院辅导、心理辅导、生涯辅导、其他相关服务[⑦]；王晶（2008）将支持保障服务分为课堂学习与考试、无障碍环境、职业生涯规划与发展、适应与健康四大

---

① 施养涵．大专听觉障碍学生接受支持性服务需求与现况之调查研究［D］．台湾师范大学，2006.

② 林月仙，何明珠．大专院校资源教室辅导经验分享——以虎尾科技大学为例［J］．特殊教育季刊，2013，(128)：11-18.

③ 曲智矿．身心障碍大学生支持性服务满意度与校园整合关系研究［D］．台湾师范大学，2009.

④ 林佩俞．大专校院特殊教育服务满意度问卷效度检验与相关问题之研究［D］．台湾东华大学，2013.

⑤ 马宇．我国残疾人高等融合教育支持体系研究［D］．南京师范大学，2014.

⑥ 汪海萍，赵伟时．上海市残疾人高等融合教育支持服务的初步实践［J］．残疾人研究，2017，(01)：13-20+4.

⑦ 陈秀芬，张正芬．大专院校资源教室服务模式——以台湾师范大学为例［J］．特殊教育季刊，2013，(128)：1-10.

层面[①]；施养涵（2006）将支持保障服务分为学业辅导、心理辅导、辅助技术服务、生活辅导、生涯规划五大层面[②]；曲智矿（2009）将支持保障服务分为学业辅导、生活辅导、心理辅导、生涯辅导、资源教师支持五大层面[③]；马宇（2014）将支持保障服务分为国家支持、学校支持、家庭支持、非政府支持、社团支持五大层面[④]；林佩俞（2013）将支持保障服务分为入学适应、就学支持、学习辅导、生活辅导、心理支持、生涯探索、对学校各项协助的感受、辅导人员八大层面[⑤]。

本问卷参考上述研究者所进行的支持保障服务研究，再经过深入探讨、综合分析、归纳研究对象所在学校的支持保障服务现况，邀请被试分别评估每一题的符合程度与需求程度，也就是同时测量残疾大学生对学校所提供的支持保障服务评价水准及内在需求。服务内容分为四大向度：课程与学业服务、学校适应服务、转衔与就业服务、最少受限制环境服务。具体而言，课程与学业服务包括专业建设与课程规划、提供学习辅助、调整学习评价方式等。学校适应服务包括生活适应、人际沟通与交往、心理适应等。转衔与就业服务包括生涯探索与教育、就业相关活动举办等。最少受限制环境服务包括无障碍环境与辅助科技支持等。制作问卷后邀请专家审查问卷的架构、词意清晰度与完整性，并

---

① 王晶．视障大学生学校支持性服务的需求与满意度研究［D］．辽宁师范大学，2008.

② 施养涵．大专听觉障碍学生接受支持性服务需求与现况之调查研究［D］．台湾师范大学，2006.

③ 曲智矿．身心障碍大学生支持性服务满意度与校园整合关系研究［D］．台湾师范大学，2009.

④ 马宇．我国残疾人高等融合教育支持体系研究［D］．南京师范大学，2014.

⑤ 林佩俞．大专校院特殊教育服务满意度问卷效度检验与相关问题之研究［D］．台湾东华大学，2013.

提供修正建议。回收专家问卷后，根据专家意见，将课程与学业服务第3题调整为“人才培养方案”。学校适应服务第2题增加“助学金、助学贷款等制度”。最少受限制环境服务第2题各类无障碍设备及设施增加“声光门铃”，另有11题进行题目文字修正，使其更符合题意，修正后问卷共计47题。

然后，预试建立问卷信效度。从长春大学、北京联合大学、广州大学抽取165名视障和听障大学生进行预试。预试问卷发放165份，回收161份，回收率为97.6%。回收后删除无效问卷20份，有效问卷共141份，有效回收率为85.5%。预试问卷回收后，对所得有效资料以SPSS 22.0统计软件进行分析。本问卷为双选答题（符合程度与需求程度），在分析上以“需求程度”为主，具体分析方法包括：（1）遗漏值检验与描述统计检测。本研究对遗漏值超过5%的题目优先考虑删除，项目平均数明显偏离（超过全量表平均数的正负1.5个标准差）、低鉴别度（标准差小于0.75）、偏态明显（偏态系数接近正负1）作为删除题目的综合考虑因素。根据数据分析结果，各题未有遗漏值，项目平均数未明显偏离，标准差介于0.9—1.2，鉴别度达标，其中有1题偏态明显，偏态系数为1.156，故删除。（2）项目分析。本研究采用极端值考验、同质性考验与题项删除后的信度系数的变化作为题目删除依据。本问卷中各题经极端组考验，发现决断值皆达显著水平，因而先予以保留。接着，同质性考验发现总量表的同质性极高，内部一致性系数为0.98，各个题目相关系数介于0.614—0.815，题项删除后的Cronbach's α系数并未明显提高，这显示量表项目具有同质性，全部题目予以保留。（3）因素分析。利用主成分因素分析法，以特征值大于1作为选取因素的依据。分析发现，本问卷中KMO值为0.935，接近1，Bartlett的球形检定卡方值达显著，代表母群体的相关矩阵间有共同因素存在，表示本问卷适合进行因素分析。因素分析结果显示，特征值大于1的因素有6个，因第6个因素内仅有1题，故抽取5个因素，累计解释变异性为72.634%，这与原有的研究建构相呼应，5个因素分别是转衔与就业服务，无障碍环境服务（属于最少受限制环境服务），课程与学业服务，辅助科技服务（属于最少受限制环境服务），人际沟通、心理及生活适应服务（属于学校适应服务）。根据以上统计结果形成正式问卷，共计41题。各维度示范题目如：（1）改革现有专业建设，促使更多专业开放就读机会；（2）根据需求制定或调整人才培养方案；（3）根据需求调整考试内容与形式，如使用盲文试卷、使用大字号试卷、使用计算机作答、安排单独考场、延长考试时间；（4）减免学杂费或住宿费等费用；（5）鼓励参与校内外各项活动和社会实践；（6）开展解决学习困扰、情绪管理、促进人际交往、压力调适等相关心理健康与发展活动；（7）协助了解适合自己的职业方向，并提供未来职业选择与规划的指导；（8）建立完善的就业支持系统，充分利用校内外资源协助学生就业；（9）提供交换学习、留学、继续升学、就业等相关信息与咨询；（10）积极探索创业机制，开设创业指导课并提供相关培训；（11）提供各类无障碍设备与设施，如无障碍标识牌、盲道、无障碍电梯、下课提示灯、声光门铃等；（12）建立校内无障碍信息与交流环境，如无障碍学校网页、微信公众号；（13）提供助听器、助视器、读屏软件、调频系统等辅具咨询；（14）评估助听器、助视器、读屏软件、调频系统等辅具需求；（15）提供助听器、助视器、读屏软件、调频系统等辅具使用的教育与培训。

3. 资料处理与分析

第一，分析残疾大学生对于支持保障服务符合程度和需求程度看法，包括整体层面与各层面服务评定情形，统计总量表、课程与学业、学校适应、转衔与就业、最少受限制环境服务向度上评价分数的平均数、标准差、题平均数。同时呈现残疾大学生对残疾人支持保障服务符合程度和需求程度评价的平均数差异检定，统计课程与学业、学校适应、转衔与就业、最少受限制环境向度题平均数与 t 检定结果，从而分析支持保障服务的实践执行（符合程度）与学生期待（需求程度）之间是否一致。第二，采用独立样本 t 考验探讨不同性别、教育层次、障碍类别、家庭所在地、入学管道的残疾大学生对学校各项服务符合程度和需求程度评价是否有差异。第三，以单因子变异数分析，探讨不同年龄、年级、障碍程度（损失程度）、入学前学历、入学前安置形式残疾大学生对学校各项服务符合程度和需求程度评价是否有差异。第四，采用 Pearson 积差相关探讨残疾大学生对学校各项服务符合程度和需求程度评价之间的相关关系，以此分析两者间是否有相关存在。分析课程与学业、学校适应、转衔与就业、最少受限制环境服务评价之间的相关关系，以此了解残疾大学生对各项服务符合程度和需求程度评价之间的关系。第五，研究探讨不同背景变项对于支持保障服务评价的预测情形。以学生性别、年龄、教育层次、年级、障碍类别、障碍程度（损失程度）、家庭所在地、入学前学历、入学前安置形式、入学管道等背景变项为预测变项，以服务的符合程度与需求程度总分为效标变项进行逐步多元回归分析。第六，采用重要性-绩效分析法，以残疾大学生为研究对象探究其对支持保障服务质量的反映。

（二）残疾大学生对于支持保障服务符合程度和需求程度的整体评定结果

1. 支持保障服务的整体层面与各层面评定情形

在 880 份有效样本中，在残疾大学生对就读学校提供服务符合程度的评定上，总平均分为 134.60，单项题平均分为 3.28，属于中等左右程度。各向度评定分数由高到低依序为最少受限制环境、课程与学业、学校适应、转衔与就业。残疾大学生对学校各项服务符合程度评定的分数愈高，表示对服务满意度就越高，相应地，学校的服务质量也越高。蒋忠惠（2015）发现残疾大学生对学习辅导、心理辅导、生活辅导、生涯辅导向度服务满意度分数高于平均值，他们所获得的学习辅导和心理辅导也相对较多[①]。杜颖颖（2010）研究发现，视障学生获得人际交往、参与校园活动、考试、校园公共设施等方面的服务较多，而见习或实习、就业支持服务相对较少[②]。施养涵（2006）、林坤灿（2008）、曲智矿（2009）、关丞博（2009）、林佩俞（2013）等调查残疾大学生对于学校特殊教育服务满意度发现，残疾大学生对特殊教育服务均呈中高满意度以上，但在入学适应、生活辅导、人际互动辅导、学习辅导、生涯转衔等向度服务质量评定存在些许差异。施养涵（2006）调查残疾大学生对支持保障服务的满意度得知，学生满意度最高的服务是资源教师，最低的服务是生涯辅导[③]。曲智矿（2009）以243位残疾学生为对象进行调研，结果也显示资源教师服务满意度最高，生活辅导、学业辅导、心理辅导服务居中，而生涯辅导服务则为最末[④]。关丞博（2009）研究九所大学的支持保障服务满意度发现，残疾大学生

① 蒋忠惠．大专校院智能障碍学生学校支持服务现况与需求之研究［D］．彰化师范大学，2015.

② 杜颖颖．视障高等教育现状、问题及对策研究［D］．华东师范大学，2010.

③ 施养涵．大专听觉障碍学生接受支持性服务需求与现况之调查研究［D］．台湾师范大学，2006.

④ 曲智矿．身心障碍大学生支持性服务满意度与校园整合关系研究［D］．台湾师范大学，2009.

对于学习环境服务的满意度最高，生涯就业辅导服务的满意度较低[①]。梁兰兰（2017）则发现听障大学生对于生活服务的满意度较高，且人际互动服务、教学服务、学习服务的满意度高于职业发展和课余生活服务的满意度[②]。

在880份有效样本中，在残疾大学生对支持保障服务需求程度的评定上，总平均分为124.73，单项题平均分为3.04，高于平均数3，表示学生整体需求程度为中上程度。各向度的平均数介于3.01—3.08，服务需求程度评定由高到低依序为最少受限制环境、课程与学业、转衔与就业、学校适应。以往研究表明，学生较需延长考试时间、多样化的考试形式、学业支持服务、个别辅导、手语翻译、课堂教学的环境调整、无障碍环境、辅助性设备或技术、职业发展计划和就业安置服务[③]。于松梅和王晶（2008）调查253名视障大学生对支持保障服务的需求，结果显示学生对支持保障服务需求程度达中等水平，各领域服务需求得分由高到低依次为职业生涯规划与发展、校园生活、无障碍环境、课堂学习与考试[④]。本研究与于松梅和王晶（2008）在各向度需求程度评分不同的原因之一是研究对象范围不同，其二是研究维度有一些差异。研究对象对支持保障需求的程度与研究对象特质、适应状况相关。相对来说，感官障碍个体对无障碍环境和

---

① 关丞博．高等教育阶段身心障碍学生教育满意度之研究［D］．淡江大学，2009.

② 梁兰兰．听障大学生学校生活满意度与学习压力、社会支持的关系研究［D］．西南大学，2017.

③ 赵向东．北京高等教育中的残疾学生——北京13所高等学校残疾学生现状调查［J］．中国特殊育，2007，（07）：13-18；王晶．视障大学生学校支持性服务的需求与满意度研究［D］．辽宁师范大学，2008.

④ 于松梅，王晶．视障大学生学校支持性服务需求研究［J］．中国特殊教育，2008，（11）：9-14.

辅助科技的需求较高，在日常生活与学习中需要频繁借助无障碍设备设施，包括常用的读屏软件、助听器、语音识别技术等辅助科技，以更好地参与社会生活。以往研究发现残疾学生进入高等院校后，在课程与学业上的问题凸显①，他们常常课业投入表现差也不满意自我的学业成果②。研究显示，多数视障和听障大学生课程与学业适应状况不理想，在课程上容易出现难以跟上班级教学进度和完成指定作业等情况③，也有听障学生直接表明存有1至2门感到学习困难的科目④，因此他们对课程与学业服务的需求会比较高。也有研究显示残疾大学生生活质量较不理想，在校园适应、心理情绪适应、学校环境、人际关系、休闲活动、社交生活等方面出现诸多困扰⑤，这样的困扰也会影响他们在学校适应方面上的需求。

2. 支持保障服务符合程度与需求程度评定的平均数差异检定

根据支持保障服务评定现况，以 t 检定考验课程与学业、学校适应、转衔与就业、最少受限制环境符合程度与需求程度评定的平均数差异，结果显示，课程与学业（$t=6.942^{**}$）、学校适应（$t=8.185^{**}$）、转衔与就业（$t=6.296^{**}$）、最少受限制环

① 林和姻．高中职阶段身心障碍学生升学转衔服务之研究［D］．彰化师范大学，2003.

② 李育逢．大学身心障碍学生个人背景变项、校园经验、学习表现及心理社会发展之相关研究［D］．台湾师范大学，2010.

③ 许天威，萧金土，吴训生．大专校院身障学生之学校适应状况之研究［J］．特殊教育学报，2002，(16)：159-198.

④ 洪嘉霞．身心障碍学生学校适应之研究——以北区私立大学为例［D］．元智大学，2015.

⑤ 林和姻．高中职阶段身心障碍学生升学转衔服务之研究［D］．彰化师范大学，2003；戚克敏，谌小猛．视力残疾大学生学校生活品质的现状调查［J］．教育学术月刊，2016，(01)：75-80.

境（$t=6.998^{**}$）向度服务评定均达显著差异，这表明残疾大学生对学校提供服务的符合程度与需求程度评分不一致。即学生个人认为的课程与学业、学校适应、转衔与就业、最少受限制环境服务执行的符合程度与学生个人认为服务项目内容的需求程度有显著不同。从平均值看，支持保障服务的实践执行（符合程度）高于学生期待（需求程度），这说明学校基于残疾大学生生理及心理发展特征，形成了特有的、针对性的服务模式，以弥补残疾大学生因障碍而具有的弱势地位与限制，最大限度满足残疾大学生的特殊需求并开发其潜能。

3. 支持保障服务符合程度与需求程度评价的重要性-绩效分析

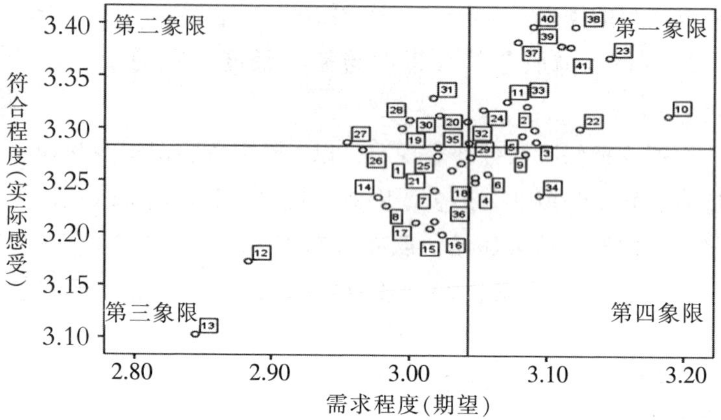

图 4-1　支持保障服务符合程度与需求程度 IPA 分析图

研究将学生对各项支持保障服务的需求程度与符合程度评价所得的平均得分，利用 IPA 架构纳入二维矩阵中，横坐标为需求程度（期望），纵坐标为符合程度（实际感受），共呈现四个象限。以下分别对四个象限内的题目进行分析与说明。

第一象限（继续保持区）：透过 IPA 图发现有 16 个项目落

在第一象限，如课程与学业服务向度下的融合教育课程与专业建设、人才培养方案制定、调整课程内容与进度、调整考试内容与形式、开发在线学习资源等；学校适应向度下的心理健康状况调查、咨询与干预；转衔与就业向度下的认识职业种类、举办升学与就业相关活动、提供创业培训；最少受限制环境向度下的提供助听器、助视器、读屏软件、调频系统等辅具的咨询、购买、教育、培训、追踪服务等。服务项目在此象限表明残疾大学生对这些服务需求度较高，且对服务执行状况评价也高于普通水平，代表残疾人高等教育学校提供的这些服务项目已达到残疾学生期望，也是今后工作中应继续保持的地方。

第二象限（过度重视区）：透过 IPA 图发现有 6 个项目落在第二象限，如学校适应向度下的残健融合，促进与健全学生的沟通与交往；转衔与就业向度下的提供实习与就业的机会、完善就业支持系统、提供资格申请或证照考试的信息与指导、提供职业发展信息与咨询；最少受限制环境向度下的使学生平等参与学校活动并在活动中提供无障碍设备与服务。服务项目落于此象限表示残疾大学生对这些服务项目评价水平很高，各所学校在这些项目的发展上亦相当成熟。这些项目虽不是残疾大学生最为重视的服务项目，但依然可以继续保持。例如，提供职业发展相关信息服务对于残疾大学生未来的人生规划与发展至关重要，故该服务水平仍旧可以保持，但可适当将关注点移至其他亟需调整的项目。

第三象限（低优先级区）：透过 IPA 图可发现有 14 个项目落在第三象限，如课程与学业向度下的专业开放、学习策略与技巧指导、提供学习必须辅助支持等；学校适应向度下的补助就学费用、协助融入校园生活、鼓励参与校内外实践活动、开展心理健康相关活动等；转衔与就业向度下的制定个别化就业方案、制定职业发展规划、进行就业知识与技能培训；最少受限制环境向度下的建立校内无障碍信息与交流环境。服务项目落于此象限表示残疾大学生对这些项目重视度并没有其他项目高，对服务满意度也偏低。学校若针对性地对这些项目做改善，定能使服务质量提高，有助于提高服务整体的认可度与满意度。例如，研究发现部分残疾大学生未来规划与生涯准备较不充分①、职业发展自我效能方面自信心与职业信息收集能力较不足，在一定程度上无法为自我生涯的方向做出适当的决策②。若学校针对不同残疾大学生职业发展困难提供个别化、针对性的协助，可能会提升该服务的认同度与满意度。

第四象限（优先改善区）：透过 IPA 图可发现有 5 个项目落在第四象限，课程与学业向度下的有关修读学分、课程、选课、教学形式与方法调整，课后学业辅导等；学校适应向度下的协助建立良好的师生关系；最少受限制环境向度下的提供各类无障碍设备与设施。服务项目落于此象限表示残疾大学生对这些服务项目非常重视，需求度亦高，但认为服务现况需改善。此部分项目在总项目中处于重点改善的地位，学校或许可深入讨论这些项目实施现况与症结所在。例如课后辅导服务，多项研究表明残疾大学生学习适应出现困难，学校若建立课业辅导机制，提供个别化的课业辅导服务定能使得服务体系更加完善。

---

① 许天威，萧金土，吴训生．大专校院身障学生之学校适应状况之研究［J］．特殊教育学报，2002，（16）：159-198.

② 蔡慧玲．身心障碍大学生生涯自我效能与生涯决策之研究［D］．暨南国际大学，2007.

（三）残疾人高等教育支持保障服务符合程度与需求程度评价的相关分析

此部分探讨支持保障服务符合程度和需求程度评价之间的相关关系，以 Pearson 积差相关考验两变项间是否有相关存在，结果列于下表。

表 4-1　支持保障服务符合程度和需求程度相关矩阵

变项	课程与学业符合程度	课程与学业需求程度	学校适应符合程度	学校适应需求程度	转衔与就业符合程度	转衔与就业需求程度	最少受限制环境符合程度	最少受限制环境需求程度
课程与学业符合程度	1							
课程与学业需求程度	0.840**	1						
学校适应符合程度	0.793**	0.878**	1					
学校适应需求程度	0.713**	0.801**	0.855**	1				
转衔与就业符合程度	0.448**	0.511**	0.855**	0.666**	1			
转衔与就业需求程度	0.490**	0.511**	0.855**	0.666**	0.913**	1		

续表

变项	课程与学业符合程度	课程与学业需求程度	学校适应符合程度	学校适应需求程度	转衔与就业符合程度	转衔与就业需求程度	最少受限制环境符合程度	最少受限制环境需求程度
最少受限制环境符合程度	0.475**	0.511**	0.855**	0.666**	0.913**	0.922**	1	
最少受限制环境需求程度	0.566**	0.511**	0.855**	0.666**	0.913**	0.922**	0.878**	1

注：** $p<0.01$

由上表可见，在课程与学业、学校适应、转衔与就业、最少受限制环境四大层面各项服务实际执行状况（符合程度）与个人期待（需求程度）相关系数 r 值均在 0.448 到 0.922 之间，p 小于 0.01，相关程度均达显著水平。课程与学业、学校适应、转衔与就业、最少受限制环境四向度的符合程度和与其一一对应的需求程度评价亦呈高度相关。通常来说，残疾大学生在校生活与学习需求愈能满足，则愈认同学校所提供的各项服务，对其评价水平就愈高。此研究结果显示残疾大学生对支持保障服务的需求与服务实际提供情况较为一致，所在学校各项服务实际执行状况能较好地满足残疾大学生需求。在学校支持保障服务相关调查中，施养涵（2006）发现听觉障碍大学生接受支持保障服务的需求度与服务提供的现况不一致①。王晶（2008）发现视障大学

① 施养涵．大专听觉障碍学生接受支持性服务需求与现况之调查研究［D］．台湾师范大学，2006.

生对于学校支持保障服务的需求与满意程度存在一定差异[①]。此研究结果与施养涵（2007）、王晶（2008）研究结果不一致，可能是因取样对象区域和对象特征差异，也有可能是随着时间增长，学校各项支持保障服务逐步完善和成熟，已能满足视、听障及其他障碍学生的需求。在分层面上，转衔与就业和课程与学业、转衔与就业和学校适应、最少受限制环境和课程与学业、最少受限制环境和学校适应向度上符合程度与需求程度评价为中度相关。课程与学业和学校适应，转衔与就业和最少受限制环境向度评价为高度相关，由此可知各服务项目的评价之间存在相互影响、相互作用的关系，学校所提供的各项服务一体化才能最大限度促进残疾大学生全面发展。其中课程与学业和转衔与就业，最少受限制环境和课程与学业，课程与学业和学校适应，转衔与就业和最少受限制环境互相关联更加紧密，相关联的两向度服务中，一个服务的需求愈能满足则愈认同另一个服务。

（四）不同背景变项残疾学生对支持保障服务符合程度与需求程度评价的差异分析

1. 不同背景变项残疾大学生对支持保障服务符合程度评价的差异分析

（1）不同性别学生对支持保障服务符合程度评价的差异分析

分析发现，不同性别学生在转衔与就业（$t=1.894$）向度评价考验结果未达显著差异，课程与学业（$t=2.499^{*}$）、学校适应（$t=2.626^{**}$）、最少受限制环境（$t=2.250^{*}$）向度评价考验结

① 王晶．视障大学生学校支持性服务的需求与满意度研究［D］．辽宁师范大学，2008.

果达到显著差异，表明不同性别残疾学生对这些向度服务符合程度的看法有显著的不同，其中男生的评定分数明显高于女生。王晶（2008）、曲智矿（2009）研究指出不同性别的障碍大学生对学校支持保障服务满意度无显著性差异①。戚克敏和谌小猛（2016）亦发现不同性别视障大学生在幸福感、独立程度、自我概念、课业学习、人际关系处理、无障碍环境、职业规划与指导等方面的满意度并无差异②。王文珊（2009）研究显示不同性别障碍学生对学业学习、社会情绪、自我概念等层面特殊教育服务的满意程度有差异，且男性的满意程度高于女性③。梁兰兰（2017）调查听障大学生学校生活满意度，发现女性听障大学生除在学校满意度维度上得分略低于男性听障大学生外，教学满意度、课余生活满意度、学习满意度、人际满意度总分都略高于男性听障大学生，尤其在人际满意度维度上达显著差异水平④。龙艳林等（2019）研究发现男性残疾大学生所获得的学校教育支持均显著高于女性残疾大学生，具体表现在教学与环境支持、心理与健康支持、入学与出行支持、融合观念支持和奖助学金支持⑤。这些研究结果与本研究结果具相似之处或不同之处，研究推测其中差异除了性别因素外，还有如障碍类别、障碍程度、学

---

① 王晶．视障大学生学校支持性服务的需求与满意度研究［D］．辽宁师范大学，2008；曲智矿．身心障碍大学生支持性服务满意度与校园整合关系研究［D］．台湾师范大学，2009.

② 戚克敏，谌小猛．视力残疾大学生学校生活品质的现状调查［J］．教育学术月刊，2016，(01)：75-80.

③ 王文珊．中部地区高中职学习障碍学生教育需求现况调查研究［D］．彰化师范大学，2009.

④ 梁兰兰．听障大学生学校生活满意度与学习压力、社会支持的关系研究［D］．西南大学，2017.

⑤ 龙艳林，黄文桥，唐静，等．残障大学生高等教育支持状况的调查研究——以吉林省某高等特殊教育学院为例［J］．现代特殊教育，2019，(14)：23-30.

校环境、教育质量、家庭支持、自身能力、学业成就等因素影响。

（2）不同年龄阶段学生对支持保障服务符合程度评价的差异分析

鉴于30岁以上仅4人，为防止组间差异过于悬殊影响结果，将26—30岁、30岁以上两组合并为26岁以上。就不同年龄阶段障碍大学生对各向度服务评价平均数而言，由高到低依次是20岁以下最高，其次是26岁以上，最末是20—25岁。课程与学业、学校适应、转衔与就业、最少受限制环境向度变异数同质性检定分析结果显示 p 值均大于0.05，表示三个样本的离散情形并无明显差别。整体考验[①]结果显示，处于不同年龄阶段的残疾大学生，在课程与学业（$F=3.553^{*}$）、学校适应（$F=3.128^{*}$）、最少受限制环境（$F=3.815^{*}$）评价上有显著差异，而在转衔与就业（$F=2.721$）评价并无显著不同。经事后比较发现，课程与学业、学校适应、最少受限制环境向度评价均是20岁以下与20—25岁组别有显著差异。

（3）不同教育层次学生对支持保障服务符合程度评价的差异分析

对专科、本科两种教育层次学生关于支持保障服务符合程度评价的差异进行分析，发现课程与学业（$t=-2.940^{**}$）、学校适应（$t=-3.382^{**}$）、转衔与就业（$t=-3.281^{**}$）、最少受限制环境（$t=-2.531^{*}$）向度均达显著差异，表明专科、本科残疾大学生对高等学校所提供支持保障服务符合程度的评价明显不同。从样本的平均数大小可知，本科生较专科生对服务的感受性

① 除评价向度外与第三章的概念相同。邀请残疾学生受访者评价的向度包括：课程与学业、学校适应、转衔与就业、最少受限制环境。

更佳。

(4) 不同年级学生对支持保障服务符合程度评价的差异分析

鉴于大五年级的学生仅 11 人，为防止组间差异过于悬殊影响结果，将大四年级的学生、大五年级的学生两组合并为大四与大五年级的学生。就不同年级残疾大学生对支持保障服务符合程度评价的平均数而言，大一、大二年级的学生的评价分数高于大四与大五年级的学生、大四与大五年级的学生的评价分数略高于大三年级的学生。变异数同质性检定结果显示课程与学业、学校适应、转衔与就业 p 值均小于 0.05，表明这四个样本在这些向度上离散情形有明显差别；最少受限制环境 p 值大于 0.05，表明这四个样本在此向度上离散情形无明显差别。整体考验结果发现，课程与学业向度（$F=2.876^{*}$）评价差异达显著水平，其他三个向度评价并无显著差异，表示残疾大学生不会因年级的不同而对学校适应、转衔与就业、最少受限制环境服务符合程度的评价有显著差异。经事后比较发现，各组在课程与学业评价并未有明显差异。此结果说明，课程与学业向度评价整体上存在差异，但组间的差异不明显，无法比较哪一组更佳。本研究结果与梁兰兰（2017）、王晶（2008）、曲智矿（2009）、林佩俞（2013）等研究结果相似。梁兰兰（2017）调查发现大一、大二年级的听障学生在专业设置、课程与学习、课余生活、心理健康、职业发展、无障碍环境服务各维度及整体学校生活满意度上高于大三年级的学生①。王晶（2008）研究显示大一、大二年级的视障学生对学校支持服务满意度高于大三、大四年级的学生，而大三年

① 梁兰兰. 听障大学生学校生活满意度与学习压力、社会支持的关系研究［D］. 西南大学，2017.

级的学生满意度最低[①]。曲智矿（2009）与林佩俞（2013）研究显示支持保障服务满意度总量表的平均得分上大一年级的学生高于大二年级的学生，大二年级的学生高于大三年级的学生、大四年级的学生及延毕生，但是各组评价差异未达到显著水平，说明不同年级的残疾大学生对于入学适应、就学支持、学业辅导、生活辅导、心理支持、生涯探索方面的服务评定并无显著差异[②]。

（5）不同障碍类别学生对支持保障服务符合程度评价的差异分析

针对不同障碍类别学生对学校支持保障服务符合程度的评价进行差异分析，发现课程与学业（$t=-6.817^{**}$）、学校适应（$t=-5.373^{**}$）、转衔与就业（$t=-4.125^{**}$）、最少受限制环境评价（$t=-2.190^{*}$）考验结果呈显著差异，表明听障和视障大学生对学校支持保障服务符合程度的看法具有显著的不同。从样本的平均数大小可以看出，视障大学生的感受较听障大学生佳。在各障碍类别的差异比较分析中，曲智矿（2009）研究发现视力障碍者对于学校支持保障服务的满意度高于听力障碍者，但是两种障碍类别的学生的评价在统计上未出现显著差异[③]。关丞博（2009）研究显示不同障碍类别学生对于支持保障服务的满意度大致相同[④]。林佩俞（2013）发现不同障碍类别学生在就学支

---

① 王晶．视障大学生学校支持性服务的需求与满意度研究［D］．辽宁师范大学，2008.

② 曲智矿．身心障碍大学生支持性服务满意度与校园整合关系研究［D］．台湾师范大学，2009；林佩俞．大专校院特殊教育服务满意度问卷效度检验与相关问题之研究［D］．台湾东华大学，2013.

③ 曲智矿．身心障碍大学生支持性服务满意度与校园整合关系研究［D］．台湾师范大学，2009.

④ 关丞博．高等教育阶段身心障碍学生教育满意度之研究［D］．淡江大学，2009.

持、生活辅导及生涯探索等支持保障服务的满意度上有显著差异，就学支持向度中其他障碍学生的满意度显著高于听力障碍与学习障碍学生；生活辅导向度中肢体障碍学生的满意度显著高于听力障碍学生；生涯探索向度中其他障碍学生的满意度显著高于听力障碍学生①。龙艳林等人（2019）研究发现视障大学生所获得的学校支持最多，其他障碍类型大学生次之，听障大学生最少。在教学与环境支持方面，视障大学生所获得的支持服务显著多于听觉障碍大学生；在入学与出行支持方面，视障大学生获得的支持服务显著多于听觉障碍和其他障碍类型的大学生；在奖助学金支持方面，其他障碍类型的大学生所获得的支持服务显著多于视觉障碍的大学生②。

（6）不同损失程度学生对支持保障服务符合程度评价的差异分析

鉴于四级损失程度的残疾大学生仅 24 人，为防止组间差异过于悬殊影响结果，将三级损失程度的残疾大学生、四级损失程度的残疾大学生两组合并为三级与四级损失程度的残疾大学生。结果显示，就残疾大学生对支持保障服务符合程度评价的平均数而言，三级与四级损失程度的残疾大学生对支持保障服务的评价分数高于一级损失程度的残疾大学生和二级损失程度的残疾大学生。

变异数同质性检定考验结果显示课程与学业、学校适应、转衔与就业、最少受限制环境 p 值均大于 0.05，表明这三个样本离散情形并未有明显差别。整体考验结果发现，课程与学业（F

① 林佩俞．大专校院特殊教育服务满意度问卷效度检验与相关问题之研究［D］．台湾东华大学，2013.

② 龙艳林，黄文桥，唐静，等．残障大学生高等教育支持状况的调查研究——以吉林省某高等特殊教育学院为例［J］．现代特殊教育，2019，(14)：23-30.

=4.533*)、学校适应($F=3.099^{*}$)向度评价差异达显著水平，其他向度评价并无显著差异，表示残疾大学生在转衔与就业、最少受限制环境不因损失程度的不同而对各项服务的评价有显著差异。经事后比较发现，一级损失程度的残疾大学生、二级损失程度的残疾大学生与三级、四级损失程度的残疾大学生在课程与学业向度评价存在显著差异，三级与四级损失程度的残疾大学生对支持保障服务的认可度明显高于一级损失程度的残疾大学生、二级损失程度的残疾大学生，而学校适应上各组评价并未有明显差异。此结果与戚克敏和谌小猛（2016）、王晶（2008）有类似之处，随着障碍程度加重，残疾大学生个体对支持保障服务的评定逐步下降。戚克敏和谌小猛（2016）发现随着视障程度加重，视障大学生在人际关系、自我概念、课业学习、独立程度、无障碍环境及职业生涯规划等方面服务的体验水平逐步下降①。王晶（2008）发现不同视力损失程度的视障大学生对于学校支持保障服务的满意度有显著性差异，视力损失为一级的学生满意程度低于三级的学生②。除课程与学业向度外，其他向度的研究结果与已有研究有相似之处，不同听力损失程度的听障大学生在人际满意度、教学满意度、学习满意度、学校满意度、课余生活满意度及学校生活满意度各向度问卷得分上不存在显著差异③。本研究结果可能是因障碍程度直接影响个体能力，残疾大学生损失程度越严重，在学习与生活中遇到的困难和阻碍越大，越需要各项保

---

① 戚克敏，谌小猛．视力残疾大学生学校生活品质的现状调查［J］．教育学术月刊，2016，(01)：75-80.

② 王晶．视障大学生学校支持性服务的需求与满意度研究［D］．辽宁师范大学，2008.

③ 梁兰兰．听障大学生学校生活满意度与学习压力、社会支持的关系研究［D］．西南大学，2017.

障服务以支持、辅助他们正常参与学校生活与适应学习环境。而有些支持服务对于障碍程度较轻个体而言并非是必须的，可能没有相应的支持保障服务仍能参与生活与学习，因而他们对服务符合程度的知觉不如障碍程度严重者，所以对各项服务符合程度评定较障碍程度严重者高。课程与学业向度评价出现显著差异，可能是学业适应是残疾大学生较常需支持之处，徐胤与刘春玲（2006）亦提到由于视力损失程度不同，在学习过程中全盲学生和低视力学生受限程度和对辅助设备的需求也各不相同[①]。障碍程度重者所需支持可能更具多元性、完整性、系统性，故对支持保障服务符合程度现况感受更敏感、深刻。

（7）不同家庭所在地学生对支持保障服务符合程度评价的差异分析

对来自不同家庭所在地残疾大学生关于支持保障服务符合程度评价进行差异分析，考验结果显示课程与学业（$t=-3.454^{**}$）、学校适应（$t=-2.642^{**}$）、转衔与就业（$t=-2.564^{*}$）、最少受限制环境（$t=-1.972^{*}$）向度评价均达显著差异，表明来自农村、城镇的残疾大学生对支持保障服务符合程度评价有显著不同。从样本平均数大小可以看出，城镇学生的感受较农村学生佳。戚克敏和谌小猛（2016）研究发现，农村地区与城镇地区学生对人际关系和无障碍环境满意度存在差异[②]。梁兰兰（2017）研究发现，城镇地区的听障大学生在学校满意度、学习满意度、人际满意度方面的得分，以及在学校生活整体满意

① 徐胤，刘春玲．视觉障碍大学生学业适应情况调查［J］．中国临床康复，2006，(42)：47-49.

② 戚克敏，谌小猛．视力残疾大学生学校生活品质的现状调查［J］．教育学术月刊，2016，(01)：75-80.

度的得分高于来自农村的学生①。李育逄（2010）研究表明不同父母社经地位残疾大学生在校园经验、学习表现、心理社会发展上均有显著差异。故研究推测可能是因家庭社经地位、家庭资源不同而使得城镇学生、农村学生在服务项目符合程度的评定上存在差异②。

（8）入学前不同学历学生对支持保障服务符合程度评价的差异分析

因入学前初中学历的残疾大学生仅 18 人，故组别合并为初中与中专、高中、其他三组。就入学前不同学历残疾学生在各向度支持保障服务符合程度评价平均数而言，高中组别的残疾大学生对于支持保障服务符合程度评分较低。变异数同质性检定考验结果显示课程与学业、学校适应、转衔与就业、最少受限制环境 p 值大于 0.05，表明这些样本离散情形并未有明显差别。整体考验结果发现，课程与学业、学校适应、转衔与就业、最少受限制环境向度评价并无明显差异，表示残疾学生不因入学前学历的不同而对各项服务符合程度评价有明显差异。

（9）入学前不同安置形式学生对支持保障服务符合程度评价的差异分析

分析时将入学前安置形式整合为单一安置形式与多元安置形式（两种或以上安置形式），其中单一安置形式分为普通班、资源班、特殊教育学校。鉴于入学前安置形式是资源班的学生人数较少，为避免组间差异过大，将入学前安置形式是普通班与资源班合并为入学前安置形式是普通教育学校。入学前不同安置形式

① 梁兰兰．听障大学生学校生活满意度与学习压力、社会支持的关系研究［D］．西南大学，2017.

② 李育逄．大学身心障碍学生个人背景变项、校园经验、学习表现及心理社会发展之相关研究［D］．台湾师范大学，2010.

残疾学生对各向度服务符合程度评价平均数由高到低大致是普通教育学校、多元安置形式、特殊教育学校的残疾学生。变异数同质性检定考验结果显示课程与学业、学校适应、转衔与就业、最少受限制环境 p 值均大于 0.05，表明这些样本离散情形并未有明显差别。考验结果发现，学校适应（$F=3.493^{*}$）向度评价差异达显著水平，课程与学业、转衔与就业、最少受限制环境向度评价并无显著差异，表示残疾大学生唯在学校适应上因安置形式的不同而对其符合程度评价有显著差异。经事后比较发现，入学前安置形式是普通学校与入学前安置形式是特殊教育学校的残疾学生评价有显著差异，普通教育学校安置形式下的残疾学生感受优于特殊教育学校安置形式下的残疾学生。此研究结果基本印证以往相关研究。梁兰兰（2017）研究发现大学前不同教育安置环境的听障大学生在课余生活满意度、人际满意度、学校生活满意度上存在显著差异，大学前就读于普通学校的听障生得分高于就读于特殊学校的听障生①。这可能是入学前安置形式是普通教育学校的个体在自我照顾、人际交往、心理健康等方面能力发展比特殊教育学校安置形式下的个体更有优势，因此在高等院校的学校适应方面所面临的困难较小，而入学前安置形式是特殊教育学校的个体却需要高等院校在学校适应方面提供更全面、系统、具针对性的支持保障服务，故两者对学校适应服务的感受性不同。

（10）不同入学管道学生关于支持保障服务符合程度评价的差异分析

对不同入学管道残疾大学生关于支持保障服务符合程度评价

---

① 梁兰兰．听障大学生学校生活满意度与学习压力、社会支持的关系研究［D］．西南大学，2017.

结果进行差异分析，发现课程与学业（$t=3.708^{**}$）、学校适应（$t=3.252^{**}$）、转衔与就业（$t=3.969^{**}$）、最少受限制环境（$t=3.478^{**}$）四大向度评价均达显著差异，这说明从单考单招、普通高考入学的残疾大学生在学校支持保障服务符合程度上的看法存在显著不同。从样本的平均数大小分析可知，由单考单招入学的残疾大学生对服务的评价程度高于普通高考入学的学生。在已有入学管道相关研究中，林佩俞（2013）、曲智矿（2009）研究发现透过一般入学管道入学的残疾大学生对支持保障服务满意度评价的平均数略高于甄试入学的学生①。关丞博（2009）研究指出通过一般入学管道入学的残疾大学生满意度高于通过甄试入学的残疾大学生②。本研究与林佩俞（2013）、曲智矿（2009）、关丞博（2009）研究不一致，可能是因取样区域与样本对象范围的差异。许天威等（2002）指出一般联招入学的残疾大学生，其学业能力及独立生活能力较甄试入学的残疾大学生好，因此对支持保障服务需求度和感知度不及甄试入学学生③。龙艳林等人（2019）研究发现统考统招残疾大学生表示所获得的支持服务显著高于单考单招类别的残疾大学生④。故推测本研究结果是因单考单招入学与普通高考入学者在学校各项服务的需求度和知觉程度不同。单考单招入学的残疾大学生对服务知觉程度更高，日常

---

① 林佩俞．大专校院特殊教育服务满意度问卷效度检验与相关问题之研究［D］．台湾东华大学，2013；曲智矿．身心障碍大学生支持性服务满意度与校园整合关系研究［D］．台湾师范大学，2009.

② 关丞博．高等教育阶段身心障碍学生教育满意度之研究［D］．淡江大学，2009.

③ 许天威，萧金土，吴训生．大专校院身障学生之学校适应状况之研究［J］．特殊教育学报，2002，（16）：159-198.

④ 龙艳林，黄文桥，唐静，等．残障大学生高等教育支持状况的调查研究——以吉林省某高等特殊教育学院为例［J］．现代特殊教育，2019，（14）：23-30.

生活与学习中更能体验到服务的支持，而普通高考入学的学生相对更能顺利参与日常生活与学习，故对服务知觉度不及前者。

2. 不同背景变项残疾大学生对支持保障服务需求程度评价的差异分析

分别就性别、年龄、教育层次、年级、障碍类别、障碍程度（损失程度）、家庭所在地、入学前学历、入学前安置形式、入学管道等背景变项对不同服务需求程度评价是否有影响进行分析。

（1）不同性别学生对支持保障服务需求程度评价的差异分析

对不同性别障碍大学生关于支持保障服务需求程度评价进行分析发现，课程与学业（$t=3.961^{**}$）、学校适应（$t=3.934^{**}$）、转衔与就业（$t=4.673^{**}$）、最少受限制环境（$t=4.405^{**}$）向度评价考验结果均达显著差异，表明男女学生对各项服务需求程度存在明显差异。从样本平均数来看，男生对于支持保障服务的需求度高于女生。此研究结果与王妍（2015）、梁兰兰（2017）、张海丛（2007）研究有类似。王妍（2015）调查发现男、女性别的聋生在工具性需求维度（直接或物质的支持，包括课程与学业服务、就学支持、生活辅导）与情感性需求维度（情感体验需要，包括关心、理解、鼓励、尊重、信任、对自身价值的肯定）存在显著差异，男生的需求显著高于女生①。梁兰兰（2017）发现不同性别的听障大学生在社会支持需求上存在差异，如在工具性支持需求上男生显著高于女生②。张海丛

① 王妍. 以聋生需求为导向的聋人高等教育模式研究［D］. 天津理工大学，2015.

② 梁兰兰. 听障大学生学校生活满意度与学习压力、社会支持的关系研究［D］. 西南大学，2017.

(2007) 发现男性视障大学生在心理健康方面的支持需求比女生高①。

(2) 不同年龄阶段学生对支持保障服务需求程度评价的差异分析

对不同年龄阶段的障碍大学生关于支持保障服务需求程度评价结果进行分析发现，不同年龄阶段的障碍大学生对各向度服务需求程度评价平均数由高到低是 26 岁以上、20 岁以下、20—25 岁的障碍大学生。根据课程与学业、学校适应、转衔与就业、最少受限制环境变异数同质性检定结果得知 p 值均大于 0.05，表示三个样本的离散情形并无明显差别。整体考验结果发现，处于不同年龄阶段的残疾大学生在课程与学业（$F=6.387^{**}$）、学校适应（$F=6.621^{**}$）、转衔与就业（$F=5.639^{**}$）、最少受限制环境（$F=6.533^{**}$）向度上的需求度显著不同。经事后比较发现，各向度均是年龄在 20 岁以下与 20—25 岁的残疾大学生在支持保障服务需求方面存在显著差异，20 岁以下群体服务需求度高于 20—25 岁者。研究推测，20 岁以下的残疾大学生身心发展成熟度相对低于 20—25 岁者，大学期间知识、经验、能力略弱，因而对服务需求度高于 20—25 岁者。

(3) 不同教育层次学生对支持保障服务需求程度评价的差异分析

按照专科、本科教育层次进行支持保障服务需求程度评价差异分析，结果显示，课程与学业、学校适应、转衔与就业、最少受限制环境向度评价差异均未达显著，说明就读专科或本科的残疾大学生对支持保障服务需求较一致，并未存在明显不同之处。

---

① 张海丛. 视障大学生焦虑状况及其应对方式的研究 [J]. 中国特殊教育, 2007, (08): 36-39.

与刘晴雯（2017）研究相仿，不同学校类型、不同学制的残疾大学生在学校提供的同理关怀、适应能力、沟通与协调等服务项目上的需求感知并无显著差异①。

（4）不同年级学生对支持保障服务需求程度评价的差异分析

分析不同年级残疾大学生对支持保障服务需求程度评价平均数发现，由高到低大致是大一年级的学生、大二年级的学生、大三年级的学生、大四与大五年级的学生。变异数同质性检定考验结果显示学校适应、转衔与就业、最少受限制环境 p 值均小于 0.05，表明这四个样本在这些向度上离散情形有明显差别；课程与学业 p 值大于 0.05，表明这四个样本在此向度上离散情形无明显差别。整体考验结果发现，课程与学业（F=5.395**）、学校适应（F=3.918**）、转衔与就业（F=5.650**）、最少受限制环境（F=5.202**）向度评价差异均达显著水平，表示不同年级的残疾大学生在各项服务需求上存在显著不同。经事后比较发现，大一年级的学生、大四与大五年级的学生在各向度评价上存在显著差异，表明入学初与毕业前的个体对各项服务需求程度有显著不同。从样本的平均数来看，大一年级的学生需求程度高于大四与大五年级的学生。王晶（2008）研究显示不同年级的视障大学生对于学校支持服务需求程度有显著性差异②。王妍（2015）研究发现不同年级听障大学生对学校提供的信息性服务表现出显著的需求差异③。梁兰兰（2017）研究亦显示不同年级听障大学生在社会支

---

① 孟颖如，刘晴雯．大专院校身心障碍学生对资源教室服务品质知觉之调查［J］．特教论坛，2017，5（23）：58-82.

② 王晶．视障大学生学校支持性服务的需求与满意度研究［D］．辽宁师范大学，2008.

③ 王妍．以聋生需求为导向的聋人高等教育模式研究［D］．天津理工大学，2015.

持总分及工具性支持、情感性支持、信息性支持维度上的评分存在显著差异①。这可能是残疾学生升入大学阶段后，首先面临着环境改变和适应问题，他们需要尽快适应课程与学习、人际关系、校园生活、无障碍环境等变化，因此在入学初对各项服务支持需求度较高。

（5）不同障碍类别学生对支持保障服务需求程度评价的差异分析

针对不同障碍学生对学校支持保障服务需求度评价进行差异分析显示，课程与学业、学校适应、转衔与就业、最少受限制环境向度评价考验结果均呈显著差异，表明障碍类别显著影响个体对各项服务的需求。从样本的平均数大小可以看出，视障大学生需求度显著高于听障大学生。陈丽如（2011）发现不同障碍类别的大学生在生涯辅导、课业支持、疾病处理、行政协助、弹性调整、教室情境等向度教育需求存在显著差异②。此结果与障碍限制有关，视障学生需具备补偿性技能、定向行走技能、社会互动技能、独立生活技能、基本的学习能力才能更好的适应学校环境；听障学生适应学校环境主要需要具备的核心技能是补偿性技能、社会互动技能，突出在听觉训练、读话训练以及说话训练方面。相对来说，视障学生所需的服务支持范围和程度大于听障学生。

（6）不同损失程度学生对支持保障服务需求程度评价的差异分析

不同损失程度大学生支持保障服务需求程度评价的平均数由

---

① 梁兰兰．听障大学生学校生活满意度与学习压力、社会支持的关系研究［D］．西南大学，2017.

② 陈丽如．大专校院不同障碍类别与障碍程度身心障碍学生教育需求分析［J］．长庚人文社会报，2011，（4）（2）：293-334.

低到高是三级与四级损失程度、二级损失程度、一级损失程度。变异数同质性检定考验显示这三个样本离散情形并未有明显差别。整体考验结果显示，课程与学业（$F=7.562^{**}$）、学校适应（$F=9.292^{**}$）、转衔与就业（$F=7.594^{**}$）、最少受限制环境（$F=5.907^{**}$）等向度评价差异达到显著水平，表示损失程度显著影响了残疾学生的支持保障服务需求。经事后比较发现，三、四级损失程度学生需求度和一级损失程度、二级损失程度学生需求度有明显差异，损失程度轻的学生需求度显著低于严重者。此研究结果在以往研究中得以证实。陈丽如（2011）研究显示不同障碍程度的感官障碍大学生在生涯辅导、课业支持、疾病处理、生活支持、行政协助、弹性调整、生理考量、情境适应、资料讯息、教室情境控制等向度及整体向度的支持服务需求存在显著差异，中重度障碍学生的支持服务需求高于轻度障碍学生。施养涵（2006）发现听觉障碍大学生因听力损失程度不同在课业协助、策略提供、心理辅导、生涯规划、无障碍环境等五向度及整体向度的支持保障服务需求度上存在显著差异①。王鑫和竹田一则（2020）研究发现，虽然同为视障学生，盲文组和明文组在辅具及无障碍设施方面的支持需求有显著差异②。朱增力（2023）研究发现不同残疾等级的大学生在岗位推荐、升学指导、职业规划指导、心理疏导、简历指导及优化、课程资源、政策补贴解答、正常咨询解答等方面的就业支持需求上存在显著差异③。

---

① 施养涵．大专听觉障碍学生接受支持性服务需求与现况之调查研究［D］．台湾师范大学，2006.

② 王鑫，竹田一则．中国视障大学生的在校活动及支持需求研究［J］．残疾人研究，2020，(02)：66-74.

③ 朱增力．残疾大学生就业与创业调查研究——以J省2022届残疾大学生跟踪回访数据分析为例［J］．现代特殊教育，2023，(22)：44-52.

（7）不同家庭所在地学生对支持保障服务需求程度评价的差异分析

对不同家庭所在地的障碍大学生关于支持保障服务需求程度评价进行差异分析，结果显示课程与学业（$t=-2.322^{*}$）、学校适应（$t=-2.152^{*}$）、转衔与就业（$t=-2.155^{*}$）向度评价达显著差异，最少受限制环境向度评价并未达显著差异，表明来自农村、城镇的身心障碍大学生对课程与学业、学校适应、转衔与就业服务需求有显著不同，其中城镇学生需求度低于农村学生。王妍（2015）调查亦发现在工具性需求方面不同生源地的听障大学生表现出显著的需求差异性，这与家庭生活环境对聋生的影响直接相关①。不同家庭所在地与家庭社经地位、家庭的期待、家庭资源之提供等因素有关，家庭背景、家长教育程度会直接或间接地影响其子女的学习成就，高社经地位的家庭能充分提供求知的资源，较能负担助听器辅具，选择较好的学校及其他附属服务②，从而影响学生对服务的需求和质量的要求。

（8）入学前不同学历学生对支持保障服务需求程度评价的差异分析

就入学前不同学历程度的残疾大学生关于支持保障服务需求程度评价的平均数而言，高中组别较低，初中与中专组别较高。从变异数同质性检定考验结果可知，课程与学业、学校适应、转衔与就业、最少受限制环境 p 值均大于 0.05，表明这些样本离散情形并未有明显差别。整体考验结果发现，课程与学业（$F=5.121^{**}$）、学校适应（$F=4.548^{*}$）、转衔与就业（$F=6.301^{**}$）、最少受限制环境（$F=3.548^{*}$）向度评价均达显著

① 王妍．以聋生需求为导向的聋人高等教育模式研究［D］．天津理工大学，2015.

② 苏芳柳．听觉障碍学生之学习适应研究［D］．台湾师范大学，2002.

差异。事后比较分析结果得知，初中、中专组别与高中组别学生的课程与学业、转衔与就业需求有显著不同，入学前初中与中专学历的学生需求度显著高于高中学历的学生。而学校适应、最少受限制环境向度各组别之间并未有显著不同。施养涵（2006）发现听觉障碍大学生因前阶段毕业学校类型与惯用沟通模式的不同在课业协助、策略提供、心理辅导、未来生涯规划、无障碍环境等五向度及整体支持性服务需求存在显著差异①。戚克敏与谌小猛（2016）指出大学前不同学历视障大学生在职业规划、课业学习、学校生活质量方面存在差异，大学前学历越高，学校生活质量水平越高，说明大学前教育基础对大学的生活适应是有影响的②。研究推测，高中学生先备知识储量、学习能力、学习广度相对高于初中或中专学生，故进入大学后对环境的适应性高于后者，需求度较后者低。

（9）入学前不同安置形式学生对支持保障服务需求程度评价的差异分析

分析入学前不同安置形式残疾大学生关于支持保障服务需求程度评价的平均数发现，普通教育学校安置形式的残疾大学生需求度最高，其次是多元安置形式的残疾大学生，最后是特殊教育学校安置形式的残疾大学生。变异数同质性检定考验结果显示课程与学业、学校适应、转衔与就业、最少受限制环境 p 值均大于 0.05，表明这三个样本离散情形并未有明显差别。整体考验结果发现，转衔与就业（$F=3.188^{*}$）评价差异达显著水平，课程与学业、学校适应、最少受限制环境评价并无显著差异，表示残疾

① 施养涵．大专听觉障碍学生接受支持性服务需求与现况之调查研究［D］．台湾师范大学，2006.

② 戚克敏，谌小猛．视力残疾大学生学校生活品质的现状调查［J］．教育学术月刊，2016，(01)：75-80.

大学生唯在转衔与就业上因入学前安置形式的不同而对其需求程度评价有显著差异。经事后比较发现，多元安置形式、普通教育学校安置形式、特殊教育学校安置形式下的各组学生对转衔与就业服务需求并未有明显差异，这说明不同安置形式下残疾大学生在各项服务的需求性上虽有不同但未达显著差异。

（10）不同入学管道学生对支持保障服务需求程度评价的差异分析

对不同入学管道残疾大学生关于支持保障服务需求程度评价进行差异分析发现，课程与学业（$t=2.440^{*}$）向度评价达到显著差异，其他三向度并未达到显著差异，这说明从单考单招、普通高考入学的残疾大学生唯在课程与学业服务需求上存在显著的不同。从样本的平均数大小分析可知，由单考单招入学的残疾大学生需求度高于普通高考入学的残疾大学生。施养涵（2006）研究发现听觉障碍大学生因入学管道不同在学校课程、心理、职业、无障碍环境等服务需求上出现差异，这可能是单考单招入学的残疾大学生的升学考试内容难度相对低于普通高考的学生，因此在升入高等院校后所需的课程与学业服务更多、更频繁①。

（五）残疾人高等教育支持保障服务符合程度与需求程度评价的回归分析

本部分主要探究性别、年龄、教育层次、年级、障碍类别、障碍程度（损失程度）、家庭所在地、入学前学历、入学前安置形式、入学管道等不同背景变项是否对残疾人高等教育支持保障服务的符合程度与需求程度评价具有显著的解释力以及其解释变异量的大小。

---

① 施养涵．大专听觉障碍学生接受支持性服务需求与现况之调查研究［D］．台湾师范大学，2006.

1. 残疾人高等教育支持保障服务符合程度评价的回归分析

表 4-2　学生背景变项对支持保障服务符合程度评价的逐步多元回归分析

变项名称	多元相关系数（R）	标准化回归系数（β 系数）	决定系数（R^2）	增加解释量（ΔR^2）	F 值
听障	0.171	−0.123	0.029	0.029	26.563**
农村	0.191	−0.076	0.037	0.008	16.691**
20 岁以下	0.208	0.088	0.043	0.006	13.170**
单考单招	0.222	0.070	0.049	0.006	11.297**
男	0.234	0.081	0.055	0.006	10.125**
专科	0.244	−0.070	0.059	0.004	9.172**

注：* $p<0.05$，** $p<0.01$。

由上表得知，在所有的学生变项中，障碍类别、家庭所在地、年龄、入学管道、性别、接受教育的层次变项解释力达显著水平，这些变项整体对支持保障服务符合程度评价的联合预测力为 5.9%，其中听障变项的增加解释量达 2.9%，是主要预测变项。障碍类别、家庭所在地、接受教育的层次变项标准化回归系数为负数，表示这些背景变项对支持保障服务符合程度评价为负向影响，即个人背景变项为听障、农村、专科的学生对于支持保障服务现况是较不满意的。

2. 残疾人高等教育支持保障服务需求程度评价的回归分析

本研究将学生的所有背景变项投入，探究其对支持保障服务需求程度评价的预测力，结果得知，投入变项中障碍类别、性别、年龄变项解释力达显著水平，这几个变项整体对支持保障服务需求程度评价的联合预测力为 22%，其中障碍类别（听障）的增加解释量最高，达 20.1%，是主要预测变项，其他依次为性别、年龄变项。障碍类别（听障）、年龄（20 岁以下）变项标准化回归系数为负数，表明这些变项对支持保障服务需求程度评价为负向影响，即个人背景变项为听障、20 岁以下的学生对于支持保障服务需求度是相对偏低的。

表 4-3　学生背景变项对支持保障服务需求程度评价的逐步多元回归分析

变项名称	多元相关系数（R）	标准化回归系数（β 系数）	决定系数（R^2）	增加解释量（ΔR^2）	F 值
听障	0.448	−0.431	0.201	0.201	220.525**
男	0.460	0.105	0.212	0.011	117.766**
20 岁以下	0.469	−0.092	0.220	0.008	82.435**

注：* $p<0.05$，** $p<0.01$。

二、残疾学生视野下的支持保障服务质性研究

在选取残疾学生为研究对象，对残疾人高等教育支持保障服务进行量化分析的基础上，本研究采用质性研究方法，再次针对残疾大学生展开深度访谈，收集他们对支持保障服务的体验，从而进一步完善学生层面关于支持保障服务的调查研究。高等特殊教育院校作为我国儒家文化根基上所衍生的残疾人高等教育主体形式，在促进弱势群体享有高等教育资源、增进教育公平上发挥着关键作用。据统计，高等特殊教育学院残疾大学生录取数量呈逐年缓慢上升趋势，从 2012 年录取 1134 人上升到 2021 年 2302 人。然而，入学机会的公平并非必然确保教育过程与结果的公平，诸多研究表明，相当高比例的残疾大学生在高等教育领域处境不利，对身心健康和个人发展产生不良的影响。与普通学生相比，残疾大学生强迫症状、抑郁、焦虑、固执等心理问题频发①，学业适应状况不理想、学业成就感低，约六成听觉障碍、

① 刘在花，许家成，吴铃．聋人大学生心理健康状况研究［J］．中国特殊教育，2006，（08）：91-95.

视觉障碍和脑瘫学生职业规划和发展准备不足[①]。而且，残疾大学生自我评价较为负面，人际互动行为表现退缩，再加之身心功能缺陷，无法有效参与学校活动[②]。国内外研究者针对改善残疾人生存境地的措施进行了大量的研究，多项研究表明支持保障服务对提高教育品质和促进残疾人全面发展具有重要意义，但国内已有研究集中于国外经验借鉴[③]、服务内涵与组成要素分析[④]、发展水平分析[⑤]、解决路径分析[⑥]等维度，且以思辨研究和逻辑演绎为主，实证研究仍待发展。同时，在研究内容上，较少涉及高等特殊教育院校支持保障服务特征以及体验过程的分析；在研究方法上，相对忽视质性研究，关于支持保障服务面貌的描述、诠释略显单薄，基于服务对象感知、理解及评价对支持保障服务发展现况进行的研究仍需深入。基于此，本研究以残疾模式为理论根基，从残疾大学生自我经历角度建构支持保障服务与残疾大学生之间的互动机制，阐述支持保障服务是如何被残疾学生理解及思考的，批判式审视残疾学生参与高等教育遭遇的各种障碍及背后的逻辑机制，并就此提出相关建议。

---

① 许天威，萧金土，吴训生．大专校院身障学生之学校适应状况之研究［J］．特殊教育学报，2002，(16)：159-198.

② 许雅惠．大专校院身心障碍学生依附内在运作模式与人际冲突因应方式之分析研究［J］．特殊教育研究学刊，2009，34（2）：27-46.

③ 李东梅．美国聋人高等教育的支持服务［J］．中国残疾人，2006，（08）：36-37.

④ 张宁生．残疾人高等教育研究［M］．沈阳：辽宁人民出版社，2000：90-147.

⑤ Couzens D，Poed S，Kataoka M，et al. Support for students with hidden disabilities in universities：A case study［J］. International Journal of Disability，Development and Education，2015，62（1）：24-41.

⑥ 雷江华，罗司典，亢飞飞．中国高等融合教育的现状及对策［J］．残疾人研究，2017，(01)：4-12.

残疾模式作为残疾问题研究的方法论，在人类发展历程中主要经历了“慈善模式”、“医疗模式”及“社会模式”。“慈善模式”秉承传统社会的价值体系和伦理道德，将“残疾”界定为“不正常”，赋予了残疾人“不幸”“可怜”角色，假定他们是一群需要社会怜悯、同情的孱弱者。“慈善模式”下的残疾人社会福利政策往往带有浓厚的人道主义和特惠色彩，认为国家和社会有责任建立专门针对残疾人的社会保障制度，同时给予他们特殊的关照和优待以摆脱弱势的地位①。受益于 19 世纪末 20 世纪初医疗技术的发展，残疾人研究者开始关注如何通过医学手段弥补残疾人功能缺陷，由此产生了“医疗模式”。在此，残疾被界定为个体内部的病理、缺陷、功能障碍或畸形，研究侧重点在生理障碍的发生原因、病理变化及其临床表现②。医学技术是残疾人功能缺陷修复与调整的重要手段，干预者参考正常人标准对残疾的类型及严重程度进行评估，并以医学诊断结果决定治疗途径与措施。伴随着 20 世纪 60 年代民权运动的兴起，部分残疾人研究者意识到残疾人与其他弱势群体都是社会中正常的公民，同时重新从社会政治角度界定残疾。1975 年，英国“肢体残疾者反隔离联盟”（Union of the Physically Impaired Against Segregation）首次将残疾（disability）与损伤（impairment）的概念明确区分，声称社会使身体损伤的人残疾，残疾是强加于他们损伤之上的东西，使其被不必要地孤立、排除在社会外③。1990 年，Oliver 正

① 杨立雄．中国残疾人福利制度建构模式：从慈善到社会权利［J］．中国人民大学学报，2013，27（02）：11-19.

② 董和锐．身心障碍者之概念架构与社会意涵［J］．身心障碍研究，2003，1（1）：32-42.

③ Oliver M. Understanding disability：From theory to practice［M］．Basingstoke：Macmillan，1996.

式提出残疾的“社会模式”，声明身体的功能损伤与现实社会对残疾人的限制是有显著差异的[①]。在这种模式下，残疾人不再是生理上有疾病和缺损的人，而是一群被剥夺正常权利的社会公民。残疾也不再被视为个人属性而是社会的建构，障碍的根源在于与社会组织、结构及态度相关的限制，若改变既定不合理的社会规范，残疾人就能如正常人一般融入社会。

（一）研究对象

本研究综合“便利性抽样”与“目的性抽样”准则，选取长春大学、北京联合大学、南京特殊教育师范学院、重庆师范大学作为研究场域，考量因素如下：1. 高等特殊教育的发展受地域政策制度、经济、社会文化等因素制约，在我国东、中、西不同地域内展开研究能够让研究调查的残疾学生所体验的支持保障服务更为复杂、多元，研究结果有助于我们深入理解当前支持服务发展情况。2. 这四所学校所开办的高等特殊教育在地域上具辐射、示范、引领作用。针对这些高校进行服务探究，据此提出优化策略对国内其他高校具有参考价值。3. 上述高校承担着构建高等融合教育支持保障服务的重责，既以单考单招形式招收残疾学生，也设置“特殊教育学”专业招收普通学生。聚焦于融合教育环境的支持保障服务可为我国开展高等融合教育提供借鉴，也为政府、教育部门制定相关政策制度提供依据。研究对象的选取同样遵循目的性抽样原则，主要考量以单考单招管道入学的视觉障碍与听觉障碍两类被试，并尽量覆盖不同年龄、年级、专业、障碍程度。这是因为单考单招入学形式的学生是支持保障服务的重点对象，听觉与视觉障碍学生又占据主体，高校长期以

① Oliver M. The politics of disablement [M]. London: The MacMillan Press, 1990.

来投入了相当多的资源和精力为他们参与高等教育服务，窥视其对支持保障服务的评价与体验，在一定程度上可反映支持保障服务的发展程度及品质。而年级、障碍程度等其他考量则是因它们影响到残疾学生在学校适应、课程与学业、转衔与就业、人际互动等方面的挑战及发展需求。最终，在满足理论饱和的基准下，本研究选取了来自视觉传达设计、计算机科学与技术、特殊教育信息与资源、绘画、针灸推拿、康复治疗学等专业的15名被试，人口统计学情况见表4-4。

表4-4 研究对象基本资料

代号	性别	年龄	年级	障碍类型及程度
S1	男	23	大三	听力残疾三级
S2	女	22	大三	听力残疾三级
S3	女	21	大二	听力残疾一级
S4	女	19	大二	听力残疾一级
S5	男	23	大四	听力残疾二级
S6	男	23	大四	听力残疾一级
S7	男	23	大四	听力残疾一级
S8	女	19	大二	听力残疾一级
S9	女	18	大一	听力残疾三级
T1	女	19	大一	视力残疾三级
T2	女	21	大一	视力残疾三级
T3	男	24	大四	视力残疾一级
T4	男	23	大三	视力残疾四级
T5	女	22	大三	视力残疾一级
T6	女	24	大二	视力残疾一级

（二）资料收集与处理

半结构访谈是资料收集的主要途径，本研究以深度访谈方式邀请研究对象主要围绕“大学期间所获得的支持及合理便利”“对支持及合理便利的评价”“所期待的支持服务内容及形式”三个角度展开阐述。示例题目为：（1）请问您在大学期间的生活适应，学业、职业发展如何？在哪些方面存在困难？（2）请问您在大学期间获得了哪些方面的支持保障服务？具体是怎样的？比如课程与学业服务有哪些，是如何获得的？（3）请问您认为在大学期间所获得的支持保障服务有没有满足您的需求？（4）请问您认为在大学期间所获得的支持保障服务哪些方面做得比较好？哪些方面还需要改善？原因为何？

访问者由笔者与一位研究生共同担任，同时利用摄像机、录音设备全程记录访谈过程。为了方便被试自主、充分地交流，本研究在访问听障者时灵活采用手语、口语、笔谈混合式沟通方式，而与视障者对话时则以口语方式为主。整个访谈过程中每位访谈者集中访谈 3 到 5 次，每次 60 到 90 分钟，并辅以访谈后的资料审查、确认与查漏补缺环节确保收集到完整、准确、真实的资料。实物分析是资料收集的辅助方式，主要通过收集受访者课程分数，微信朋友圈、腾讯 QQ 关于大学生活记录佐证访谈内容。

质性研究编码借鉴斯特劳斯和科宾提出的扎根理论编码逻辑进行：逐字逐句精读原始文本资料和仔细分析实物资料后将研究资料分解打散重新组合，以贴标签的方式获得学习范围、授课内容、考试范围、考试难度、访问信息、成果展示、教学方式、学习策略、问题解决、寝室安排、心理负担等 29 个开放性编码属性或维度；在此基础上，通过对比类似或关联标签并再编码的方式形成学业负荷、学习评价等 15 个开放性编码的类属。重新检验主要类属之间的关系，不断整合相类似的概念与属性，形成了学业标准、学业支持、居住区域、心灵与文化融合、物理环境、信息交流环境、职业教育过程、就业辅导等 8 个关联式编码。最后，使用更为抽象的概念对上一轮关联式编码进行再概括，基于研究需要，最终确定了课程与学业发展、人际交流与互动、无障碍环境、职业规划与发展这四个选择式编码。这些主题较好地涵盖了残疾大学生自入学到毕业的全动态过程，也较为全面刻画了残疾大学生在支持保障服务方面的感受与体验。此外，为避免编码者已有理论与先前概念的偏见，在编码过程中藉由“三角验证”方式确保研究效度，即邀请其他教师按照前述编码逻辑对资料编码，并在资料处理不一致的地方进行交流与省思，最大限度消除研究者立场与感知所导致的误解。与此同时，本研究在叙说过程中采用受访者话语中心的方式以鲜活展现残疾大学生对支持保障服务体系的感知和理解。

表 4-5　资料编码

<table>
<tr><th rowspan="2">选择式编码</th><th rowspan="2">关联式编码</th><th colspan="2">开放性编码</th><th rowspan="2">选择式编码</th><th rowspan="2">关联式编码</th><th colspan="2">开放性编码</th></tr>
<tr><th>类属</th><th>属性 & 维度</th><th>类属</th><th>属性 & 维度</th></tr>
<tr><td rowspan="3">课程与学业发展</td><td rowspan="3">学业标准</td><td>学习负荷</td><td>学习范围：
固定—扩展
授课内容：
差异处理—同等对待</td><td rowspan="3">人际交流与互动</td><td>居住区域</td><td>居住方式</td><td>寝室安排：
分离—融合</td></tr>
<tr><td rowspan="2">学业评价</td><td rowspan="2">考试范围：
缩小—相同
考试难度：
降低—相同
考试评分占比：
差异—相同</td><td rowspan="2">心灵与文化融合</td><td>思想壁垒</td><td>心理负担：
悬置—解决</td></tr>
<tr><td>文化融合</td><td>沟通态度与能力：
无视—重视
认同：
无—有
情感融合：
无—有</td></tr>
</table>

续表

选择式编码	关联式编码	开放性编码		选择式编码	关联式编码	开放性编码	
		类属	属性 & 维度			类属	属性 & 维度
课程与学业发展	学业支持	通用教学设计	访问信息： 阻碍—畅通 成果展示： 缺乏—提供 学习兴趣： 打击—激发	无障碍环境	物理环境	物理设施	主要通道： 滞后—齐全 教室出入口： 缺乏—完善
		教学手段与学习策略	教学方式： 保持常态—适当调整 学习策略： 稀少—多样 问题解决： 间接—直接		信息交流环境	活动环境	服务范围： 狭窄—广泛
						社团活动	服务设施： 缺乏—完善
		课外学业辅导	形式： 松散—规范 路径： 学生为主—教师为主 时间： 重要节点—常态化	职业规划与发展	职业教育过程	职业规划课程	课程内容： 问题重重—合理安排
						参与就业市场	实践活动： 单一—多元
					就业辅导	职前评估与指导	职前评估： 欠缺—充足 求职技巧辅导： 少见—常见
						就业安置	服务范围： 局限—广泛 就业岗位： 低层次—高层次

（三）研究发现

1. 课程与学业支持质量难以保障

（1）学业标准被降低

残疾人在历史上曾是弱势的代名词，被视为社会无能或无用者。残疾特征的显著性与学校对残疾人的教育理念与态度相关，学校对残疾人的教育理念与态度直接影响支持保障服务提供方式，也决定着服务者更关注残疾人的劣势或潜能。残疾大学生认为当前服务蕴含缺陷意味，他们的残疾特征被人为放大，无形降低了对他们的学业要求和能力期待。一方面是减轻学习“负荷”，通过固定选课科目、减少选修课数量限制学习范围，“公共选修课对我们不做硬性要求”（T2），或对授课内容进行差别处理，残疾大学生整体学习内容偏重基础知识与技能训练，如删除深奥知识、减少知识范围，“我们的学习与健听生有差异，学得比较简单”（S2）。另一方面为了提高学业通过率，各大学校程度不一地调整残疾学生学业评价标准，如缩小考试范围，降低考试难度，增加出勤、课程表现、随堂作业等评分比重。在降低学业标准的作用下，残疾学生与普通学生于同一课堂学习的机会趋减，“单独编班、单独上课”，深度区隔的学习环境给他们积累竞争资本及实现社会化带来了障碍，并随着他们职业生涯发展影响日益凸显。

上述“降低学业标准”的支持措施并未受到残疾大学生的认同与欢迎，“我们希望与其他人是平等对待的，公共选修课完全是可以去学习的”（T2），“教材基础调得很低，聋人文化水平就会降低，没有办法学习深奥的专业知识，以后我们去社会就没有竞争力了”（S7）。“平等对待”“竞争”等词的浮现意味着残疾大学生对自我要求提高，从过去认为障碍是需要被扶持转向需要克服，也不再以缺陷来定义自我。“应该给我们机会去尝试有没有能力学好”（S7），“也想看看自己和普通学生的差距在哪，有没有能力赶上，因为未来社会接触最多的就是普通人”（S3）。即便感官损伤影响到残疾大学生学习历程和成就表现，但他们更拒绝因残疾而受到污名化，声明为适应社会准则，学校需要“松绑”，给予他们锻炼的机会以增长见识、提高同台竞技的能力，因为“身边都是聋人，接触的知识面会比较窄，我们需要到健听人的环境中锻炼，这样对以后步入社会比较好”（S2）。

（2）课程与学习支持明显缺位

课程内的学习支持缺位体现在两个方面：一方面是通用学习设计支持缺位。通用学习设计是基于残疾学生差异需求的教学理念，以提供讯息显示与处理选项、鼓励主动展示与表达、激发学习兴趣与动机等原则为残疾学生更便利、更自主地学习提供空间。第一个原则是确保所有学生无障碍访问课堂信息。残疾学生表示由于缺乏相关支持服务需要独立应对缺失必备合理便利措施的公共选修课，“课上没有手语翻译，只能看 PPT，有问题时就通过文字形式问旁边的健听生”（S6），“没有电子教材，只能努力听老师讲”（T2）或自主“问学姐和网上找电子资料”（T6）以获得教材信息。在专业课上，他们常常获得略显单薄的支持，例如仅由辅助技术（如自动语言识别软件、读屏软件）传递课堂教学信息，由此引起听障大学生对课程内容尤其是专业术语和深奥知识的理解困难，“软件翻译一句话中错一两个词没有问题，错多了就看不明白了”（S2），“自动语言识别系统翻译的准确率在 80%左右，但如果着重介绍术语和深奥的知识，那就不适用了”（S3）。无法访问图片、特定的网页及文字对于视障大学生而言则是“家常便饭”。“教室里的电脑安装的是公益版本的读屏软件，有些网页和文字根本就读不出来”（T5），“读屏软件不能识别图片，盲生‘看图片’是一大困扰”（T1）。此外，教学场域中的其他关键性课堂信息，如“板书、多媒体教学视频信息获取依然有很大的难度”（T3）。第二个原则是给予学生多样化学业表现途径。事实上，受访者常常被排斥在外，缺少学术展示和充分表达的机会，“我们不用小组汇报，健听生汇报时我们就看看”（S6），“老师提问的话就打字给我们看，有人要回答也上去打字，没有我们讨论的，因为老师手语也不太好”（S7）。第三个原则是参与，这意味着让学生尽可能充分、自觉、沉浸式参与课堂。由于课堂信息转换存在障碍、辅助支持缺乏，残疾大学生需要耗费更多的时间与精力去适应课堂与获取课堂信息，这些额外的事务直接影响课堂参与度，“没有手语翻译，感觉很不适应，课堂兴趣不高”（S8），由此残疾大学生对课堂学习产生消极、怠慢的看法，成为被动、强迫的学习者，“很尴尬，听不懂也硬着去听”（S4）。

另一方面是教学手段与支持策略缺失适宜调整。受限于残疾人高等教育课程体系的发展及教师素养的不足，当前残疾人高等教育教学方式并不适宜，学习策略支持并不充足：其一，教学方式与“以学生为中心”的理念相悖，整体偏向主流群体，基于残疾学生的身心特征开发设计满足个性化、多样化学习需求的教学策略不足，“课堂的讲解方式有很大问题，SPSS 课看不见老师的演示过程，读屏软件也读不了图标，老师说点这里、点那里就听不懂”（T3），T1 也表示“课堂上看图片很麻烦，老师是按照明眼人方式讲解图片，没有以方位进行讲解”。教师在教学过程中往往缺乏清晰的示范、详细的讲解与说明以及反复的指导：“老师用 PPT 把作品展示出来，然后就让学生做，没有示范。”（S1）“细节讲解不清楚。虽然有教材，但有的内容要结合老师详细讲解才能听懂。”（S3）其二，学习策略支持不到位，引导、促进残疾学生有效学习的计划、调节及监控学习过程的辅助策略缺位，基本没有感知、识记、提取及运用知识的学习策略的教导与训练，残疾大学生表示“在学习策略上没有老师的帮助，以自己习惯的方法去学习”（S4），致使他们处于“很多知识消化不了”（S1）和“学得快，忘得快，边学边忘”（S2）的境地。

（3）课外学业辅导缺乏刚性制度约束

课外学业辅导虽然是残疾大学生解决学业困惑和学业挫败，提高学业成就感的重要途径，但由于高等教育阶段的学生是自主的成年学习者，更强调学习的独立性，加之学校在此投入的人力、物力、财力等资源相对较少，从而导致课外学业辅导形式松散，通常为任教教师、学生自主自发组织，对辅导者与辅导对象所具备的条件、辅导内容与方法、辅导时长与考核等方面欠缺刚性规定，产生了“残疾学生内部沟通为主、普通学生辅导为辅、教师辅导为末”，在“期末考试前”“四六级英语考试”等重要节点辅导的常态形式。S4 补充道：“有学习困难一般是先找聋人交流，再问认识的健全同学，实在解决不了再问教师。”当问及教学咨询与辅导服务效果时，受访者表示老师采用“推荐学习资料和公众号”、“找某某再讨论”等“标准化”的回答并不能直截了当帮助他们解决学习困境，反而使他们产生消极的互动体验。“老师也讲不清楚，还不如死记硬背。”（S2）缺失标准化、规范化、制度化原则的课外学业辅导服务使得残疾学生学习障碍再度增大，也难对其获取学业成就产生持续、积极的影响，以至许多学生浮现“怀疑”“否定”自我的念头。“现在的支持对于我学习来说是有困难的，或是我的能力不足吧。”（S4）

2. 人际交流与互动服务表层化

（1）居住区域被分离

社会融合是“社会模式”残疾观的核心观念，既是残疾人不断融入社会的过程，也是残疾人在社会环境中与健全人相互接纳、融为一体的过程。当前学校对物理融合的障碍消除不彻底，残疾学生被划定区域居住，即学校通过分区、分楼、分楼层等安排残疾学生与普通学生分开居住，并配备专门的残疾学生辅导员。这样的安排延续了基础教育阶段隔离的安置形式，很容易使残疾学生习惯于障碍群体内生活，并未在朝夕相处中与普通学生、社会产生实质性的连接，更遑论社交能力的发展。

（2）心灵与文化的交融被忽略

学校提供学校、学院、社团活动等社会性融合活动打破了残健之间固有的结构与体系，扩展了彼此沟通与互动的空间，但参与活动并非就能产生有质量的人际互动，还需具备良好的沟通动机、沟通能力，以及与交流对象的心灵契合与文化交融等条件。本研究发现学校对社会性融合的改革并没有上升至文化精神层面，现有支持措施并不理想。首先，没有解决残疾大学生与普通学生互动的思想壁垒，忽视了他们与社会之间相互认可与接纳的心理建构。几乎所有的听障大学生都害怕因听力损失、语言障碍被环境隔离、孤立与排斥，在人际互动表现敏感、退缩，反复强调："我只是希望他们能了解我们，不要嫌我们麻烦，想说什么就说什么。"（S3）而视障大学生亦是"为了减少麻烦，一般参与有盲生的社团活动，如针灸社、按摩社，因为这样交流沟通比较方便，不需要额外的帮助"（T4）。自我负面评价的心理状态必然导致被动的沟通方式，主要表现为学习与生活上有事时不得已的交流。"在学习上有问题、有事要问普通学生时会交流，其他时候比较少。"（T2）社会融合是双向奔赴的过程，如果社会对残疾人持有正面的价值认知，视残疾人为人类多样性、文化多元性和社会丰富性的表现形态，那么，普通人群就会形成尊重、爱护残疾人的文化力量。由于学校缺失文化融合的土壤，对普通学生沟通态度与沟通能力培养不足，致使对残疾人缺乏了解的普通学生无法与残疾学生进行有效的沟通、在交往中过度谨慎，“对方知道我听不到，也不会主动找我，与我沟通”（S2），甚至为了减少沟通麻烦、避免人际冲突将残疾人“下意识”地排除在团队外，“我之前参与了一个社团，但他们都不会手语，跟我沟通比较麻烦，后来活动也不叫我了。我也没什么兴趣了”（S7）。如此“不友好”的作为只会加深普通学生对残疾人的偏见与歧视，给双方的情感和心理融合造成难以消除的隔阂，“与普通学生有隔阂。主要是因兴趣点不一样，她们喜欢游戏和化妆，我们看不清就无法交流；我们喜欢文学，她们又不太喜欢”（T2），以及残疾学生对普通学生的否定与排斥，“感觉健听生都不太了解我们的文化和需求，自然也不知道怎么交朋友”（S9）。长期负面的人际互动经验逐渐塑造残健相互隔离与对立的场域，致使“盲生感觉与普通学生能相处，但无法交心，共同话题比较少，偶尔也会有小摩擦”（T1），“聋生还是生活在聋人的世界，与健听生融合非常少”（S5）。当孤独感迎面而来时，残疾学生倾向于“抱团取暖”，并形成了文化认同高、关系牢固、情感依赖强的群体，由此对学校的融合教育产生了负面的评价：“我对融合很失望。现在的融合可以说是表面的、形式上的融合。”（S5）

3. 无障碍环境支持范围和程度凸显局限

基于2006年联合国《残疾人权利公约》准则，无障碍环境既是方便残疾人无障碍通行又是利于残疾人使用各项设施设备的包容性环境，全社会都需要营造无障碍的物质环境和信息交流环境支持残疾人便捷地生活和学习、沟通与表达以及参与文化、娱乐、休闲等活动。但受访者认为当前校园无障碍环境建设广度与深度明显有局限。其一，在物理无障碍建设方面，主要通道的无障碍设施缺失、老旧，“校园内盲道也不是很多，有一块区域盲道上有树，我们都不怎么走，一般是沿着台阶走”（T1），“校园内盲道不怎么好，设在台阶上面，走的时候不方便，又老旧”（T2），教室出入口无障碍设施缺乏，“教室的门上没有盲文，门牌号可以摸数字，汉字的话就可能摸不出来，找教室比较困难，各种找不到”（T3）。其二，忽视信息交流无障碍环境建设。为听障者提供的活动无障碍服务限定在学院内部，“学院活动、班级活动有手语翻译”（S8、S9），“这学期聋生开会的办公室也安排了语言识别系统”（S6），以及大型事件，“学校的大型活动会有手语翻译”（S1、S2）。除此之外，其他活动皆需他们自主应对，以至于交流不畅、兴致索然，最终不了了之，“全校性的社团没有手语翻译，我们都是写字沟通的，我参与的兴趣也不高，因遇到事情，也不太好意思反复麻烦同学”（S8）。视障大学生同样反映在活动参与、信息获取上存在诸多困境，T5 详尽地描述了障碍与期待：“学校或学院活动不太重视视障生需求，如晚会别人都笑了，我们看不到，不知道前面发生了什么。希望学院举办活动时有主持人描述场景、用语言把动作间接的表达出来或讲解一些小的细节。”

4. 转衔与就业支持机制不完善

（1）职业教育培训缺失专业性

为实现残疾人自强自立和创造良好的社会价值，学校亟需通过高质量的职业教育解决他们因资源条件与技能差异而具有的“能力鸿沟”。本研究发现，当前学校职业课程设置不科学，既存在理论知识比例高、实践课程内容和课时占比少的问题，也存在没有注重书面语言与口语表达、人际交往与团队协作、批判精神与应变能力等职业“软技能”的提升的问题，这可能导致他们在就业选择时错失具有良好职业发展前景且经济回报较高的岗位，“我们班有个聋生口语相对比较好，去考普通话等级得了二乙，但要教语文需要二甲，他就没能去当语文教师”（S6）。课程内容教与学脱节、学与用脱节，对劳动力市场工作岗位开发与分析不到位，导致残疾学生与残疾人职业发展方向相关知识储备不足，“课程内容感觉与聋生的相关性不是很大，我也没学到如何找工作”（S5）。职业教育不能较好地适应社会经济需求，各类职业工种及社会实践活动的认知与体验并未科学地融入残疾学生职业发展路径，残疾学生借由多元社会环境与就业市场扩展自我视野、积累就业经验及提升社会资本的机会趋减，“没有带我们去现场了解真实的工作条件，我们也不清楚这个工作到底怎么样”（S8）。由此，残疾学生出现了与社会隔绝、自主摸索两种光景，“其实大部分聋生都生活在自己的世界，在寝室里玩电脑、打游戏，只有小部分是做微商、卖产品或出去打工。对未来就业真正有想法的比较少”（S5）。

（2）就业辅导内容较为片面

第一，职业评估与指导执行不到位。残疾学生反映学校几乎没有采用标准化与非标准化评估工具对其身心特质与兴趣、职业潜能与限制进行分析，以及依据个体的能力、兴趣及雇主对工作的要求、工作环境的状况对残疾学生予以精准的评估、配对及安置，他们匹配自我条件与行业背景、工作岗位要求、薪资待遇的匹配能力并未发展出来。个别化求职技巧辅导不够系统、针对，各大高校仍处于公共性职业指导阶段，对于学生个性化职业指导开展较晚、较少、较宽泛，需要残疾学生主动暴露自我困境向老师求助，“很少提供改简历、面试、基本礼仪等辅导”（T3）。“学生需要个别化辅导都要自己鼓起勇气单线联系老师。大部分就业准备都是学生自己去面对。”（S5）第二，就业安置措施单一。研究显示，学校对发布就业信息，举办残疾人招聘会、就业讲座、就业研讨会等活动有所重视，但强化就业安置的措施依旧单一，这可能是因为就业支持集中于“工作”，“创业”“升学”被“业务化”。专门的创业支持措施缺失，多数学校是在就业工作下附带进行创业服务，局限于创业政策告知，进而导致具有创业意向学生心有余而力不足。“创业只有基本政策告知，其他支持基本没有”（S5），“有不少盲生也想自主创业，开按摩店，目前关于创业的支持太少”（T3）。升学服务停留于浅层，学校对招考院校与专业咨询、考研辅助资料提供、研究生考试合理便利申请等服务并未给予足够的重视，“考研的辅助支持材料较少，英语考试单词书与真题、专业课考研真题难以改成盲文教材”（T5）。此外也有就业新渠道新空间开发不到位，生源地择业支持不足的问题。“招聘单位基本都是重庆的，我们也有同学想回老家，目前关于回家就业的帮助太少了。”（S7）还有支持服务局限于“找份工作”，没有在感官障碍者可以重点发展的电子技术、艺术设计、教育培训、医疗服务等职业领域深挖残残疾人就业潜能、迈向高质量的就业安置，帮助他们实现更加充分的就业，“学校只是让我们找到工作，并没有关心工作好不好，合不合适”（S9）。

与其他研究类似，本研究发现当前支持保障服务仍不足以使残疾大学生作为普通人充分自由地参与高等教育，他们在与高等教育的互动中遭遇了无障碍环境建设不足、教师和同龄人消极态度，以及教师与普通学生需要改变对残疾本质的认识等问题①。整体而言，残疾大学生对于支持保障服务是不满意的，这既由于当前支持保障服务对残疾的污名化，否认残疾人的能力和潜力，致使残疾学生能力发展、学术成就、就业目标未获得足够的尊重与认可，也由于学校无障碍物理环境与融合教育氛围建构等服务措施简单，受访者反映在通用学习设计、教学手段与方法、课外学业辅导、职业教育、就业辅导等方面没有得到基于自我障碍类型、程度等条件所需要提供的精准服务。他们所体验到的是基于缺陷模式的支持保障服务，并在此基础上衍生出的与需求不平衡的服务形式，这样的服务可能造成他们处于话语的边缘。正如Grimes 等所说，影响残疾学生参与的根本问题在于高等教育机构秉承“慈善模式”与“医疗模式”，这是对残疾的污名化和边缘化②。

（四）原因探讨

1. 学校服务者刻板地将残疾等同于弱势、疾病

随着残疾人高等教育普及化进程推进，大量不同类型的残疾学生进入高等教育，在全面提质的背景下如何给予所有障碍者合理便利及教育支持增加了服务的难度与复杂度。支持保障服务发

---

① Fleming A R, Oertle K M, Plotner A J. Student Voices: Recommendations for Improving Postsecondary Experiences of Students with Disabilities [J]. Journal of Postsecondary Education and Disability, 2017, 30 (4): 309-326; Agarwal N, Moya E M, Yasui N Y, et al. Participatory Action Research with College Students with Disabilities: Photovoice for an Inclusive Campus [J]. Journal of Postsecondary Education and disability, 2015, 28 (2): 243-250.

② Grimes S, Southgate E, Scevak J, et al. University student perspectives on institutional non-disclosure of disability and learning challenges: Reasons for staying invisible [J]. International Journal of Inclusive Education, 2019, 23 (6): 639-655.

展受制于文化框架的塑造，学校关于残疾本质界定左右着支持保障服务的提供。现阶段我国残疾人社会融合水平仍处于初级阶段，面向个体的“慈善模式”和“医疗模式”仍是主流，政策理念停留在个体模式和消极保障阶段，缺乏更为积极的理念和主动行为①。学校主要从生物主义观点看残疾的本质，认为残疾人是带有身体缺陷与异常生理特征的弱势群体，他们无法像正常人一样发挥功能与作用，唯有慈善帮扶与康复治疗才能使他们“正常化”。根植于弱势观念下的支持保障服务无疑会放大残疾人的缺陷与脆弱性，将其置于社会劣势地位规制教育方式或站在福利立场上根据所认定的残疾个体发展标准决定服务形式，相对忽视他们渴望独立、自主，追赶甚至超越普通人的心声，进而导致残疾人被排斥在高学业成就、高知识与技能职业外。

2. 学校服务者对残疾学生、支持保障服务知识了解不足

认识论主要研究知识的范围，解决我们如何获得确实知识的问题，具体到本研究则是服务提供者如何认识和了解残疾学生、支持保障服务的相关知识。由于残疾人高等教育支持保障服务研究尚处于起步的状态，研究发现和理论积累尚不丰富，无法有效地指导服务实践，再加之，残疾人事务处理办公室与专职人员的缺位，相关专业支持人员普遍缺乏理解残疾学生身心特征、文化，对残疾学生进行教育与管理等方面的培训或专业准备，所以，他们在为残疾学生提供服务时都不可避免地充满了歧视与偏见，没有充分尊重残疾学生本身的生命状态，造成了残疾学生与主流社会的隔离，残疾学生与其所属社会群体之间的互动通道断裂。

---

① 庞文．残障模式的代际演替与整合——兼论迈向人类发展模型的残障观［J］．残疾人研究，2021，（03）：3-11.

3. 学校服务者建构支持保障服务的行动策略简单

基于“社会模式”的方法论者提出损伤、残疾之间的区别应从方法论角度进行区别，损伤是身体功能的缺损，残疾是社会组织对身体功能缺损者的限制与排斥①。世界卫生组织在2001年发布的《国际功能、残障和健康分类》从身体、个人及社会三者互动综合界定残障状态，明确指出个体与所处环境存在冲突，环境中的结构、组织与文化无法支撑个体在同等的机会上获得最大利益才是障碍。根据这一价值标准，残疾人与环境互动的质量成为判断障碍的关键标准，个体的差异性与环境的多样性是影响障碍程度的重要因素。由于我国残疾人高等教育起步较晚，支持保障服务仍缺乏制度保障，也没有明确的政策标准和有效的策略来指导学校建设，加之，大多数院校支持保障服务建设理念不一、经验缺乏，为学生提供服务时很难对每个残疾人的身体损伤、障碍、活动参与进行精准评估，厘清损失、障碍与环境之间复杂的关系，在全面考量能力基准与环境的基础上给予其所需的服务。因此，大多数院校所提供的服务对社会包容性精神体现不足，无法兼顾各残疾人群体间与群体内部的差异性与多元性，从而导致在课程与学业、人际互动与交流、无障碍环境等多个层面上对残疾人有意或无意的歧视与排斥。

由于本研究从教师和残疾学生层面对残疾人高等教育支持保障服务发展现状、问题及内在需求等进行了研究，在此比较教师与残疾学生层面关于残疾人高等教育支持保障服务的调查结果。从量化研究结果来看，教师和残疾学生都认为残疾人高等教育支持保障服务仍存在发展空间。相对而言，教师对课程与学业、学

---

① 赵森，易红郡．从个人到社会：残疾模式的理念更新与范式转换［J］．残疾人研究，2021，(03)：12-22.

校适应、转衔与就业、最少受限制环境向度服务的评价结果低于残疾学生，包括开设融合教育相关专业，根据学生需求调整人才培养方案，提供课程学习必要的辅助技术、课后学业辅导、课程调整服务，关心学校适应状况，心理危机干预，人际交往服务，提供职业发展资讯，举办升学和就业转衔活动，评估辅助科技需求，协助获取辅具，教育与培训辅具操作，追踪辅具使用效果等项目。这些项目与残疾大学生学习、生活质量的高低密切相关。此结果出现可能是教师作为教育者，更关注如何在残疾人教育上补偿残疾人缺陷，开发残疾人潜能，因此对于支持保障服务的完整性、系统性、充分性的标准高于残疾大学生。

从质性研究结果来看，教师和残疾学生都认为残疾人高等教育支持保障服务支持了残疾大学生融入大学校园生活、获得学业进步、建立人际关系，以及职业生涯发展，同时也表示当前残疾人支持保障服务仍存在较大发展空间，所建构的服务虽然有涵盖招生制度、课程与学业、学校适应、转衔与就业、最少受限制环境等内容，但是招生制度、课程与学业、学校适应、转衔与就业、最少受限制环境等层面服务力度仍未完全满足残疾学生需求或达到教师期待，需要进一步改善支持保障服务。例如，在招生制度和专业设置上，教师提出应积极改革，在尊重残疾学生及家庭教育需求和意愿基础上扩大招收障碍学生的学校和专业，积极研究不同障碍学生入学形式、教育过程质量保障、教育出口落实。在课程与学业上，教师表示课程调整、教学策略与手段支持、个别化教育计划制定的专业性不足，课外学业辅导所覆盖的学生范围和辅导力度不够，残疾学生也深感课程与学业支持服务质量难以保障。在转衔与就业上，教师与残疾学生均表示虽然学校围绕残疾学生转衔与就业开展了一些活动，但活动的质量与有效性仍需提高，比如关于升学、就业、资格证书考试等方面的服务仍不充分。在最少受限制环境上，辅助科技服务是匮乏的，包括评估残疾学生辅助科技需求、协助残疾学生获得辅具、指导和培训残疾学生使用辅具、追踪残疾学生辅具使用效果等。由此，教师与残疾学生都表示残疾人高等院校需要坚持学生中心理念，从每一个残疾学生的需求差异和特殊性出发完善支持保障服务，以更好地支持每一个个体融入大学生活、获得学业成就、发展职业能力等。

结论与展望

一、结论

（一）支持保障服务整体发展处于中等水平，各向度服务发展不均衡

研究显示，我国残疾人高等教育支持保障服务整体发展处于中等水平，组织运作、课程与学业、学校适应、转衔与就业、最少受限制环境等向度服务发展不均衡。来自残疾人高等院校的教师对各项支持保障服务符合程度评定由高至低依序为学校适应、组织运作、最少受限制环境、转衔与就业、课程与学业。而残疾学生对各向度服务符合程度评定由高至低依序为最少受限制环境、课程与学业、学校适应、转衔与就业。

（二）支持保障服务发展现状与教师期待、学生需求之间仍存在一定落差

综合而言，支持保障各向度服务虽然总体上与教师的期待吻合，但仍在一些具体项目上存在落差，诸如专业选择范围、人际互动、心理健康、辅助科技等，由此教师期待学校通过优化资源配置、调整服务项目等措施提高服务品质。而在课程与学业、学校适应、转衔与就业、最少受限制环境维度的支持保障服务与残疾学生需求之间存在显著差异，同时在多个支持保障服务项目执行上呈现服务现状高于期待、服务现状低于期待情形。多位残疾

大学生表示现有学校的支持保障服务是不完善、不系统且不适宜的，这既因为残疾大学生在能力发展、学术成就、就业目标上未获得足够的尊重与认可，也因为学校各项支持服务措施简单，未体现出个别化与针对性特征。其中专业建设、课堂教学支持、职业能力评估、就业辅导、辅助科技等项目是教师和学生共同期待学校重点关注、给予改善的项目。

（三）不同背景变项的教师和学生对支持保障服务发展现状（符合程度）评价具有差异性

从教师的视野看，性别、所处地域、职务等背景变项影响了支持保障服务现况的评定，具体如下：1. 女性教师对无障碍环境服务评价显著高于男性教师。2. 服务地区是南部、中部地区教师对组织运作、学校适应服务评定显著高于东部、北部地区教师。中部地区教师对课程与学业服务评定显著高于北部地区教师。南部地区教师对学校适应服务评定显著高于西部地区教师。南部、中部地区教师对转衔与就业服务评定显著高于北部地区教师。东部、南部、中部地区教师对最少受限制环境服务评定显著高于北部地区教师。3. 本科及以下学历、硕士研究生学历教师对学校各项服务评定显著高于博士研究生学历的教师。4. 普通教育相关专业教师对组织运作、学校适应服务评定显著高于特殊教育相关专业教师。5. 助教、讲师对学校各项服务评定显著高于副教授及以上教师。6. 担任班主任的教师对组织运作、学校适应服务评定优于主任及以上职务、其他职务教师。担任班主任的教师对课程与学业、最少受限制环境服务评定优于其他职务教师。担任班主任的教师对转衔与就业服务评定优于主任及以上职务教师。7. 不超过 5 年教龄的教师对各项服务评定显著高于 20 年以上教龄的教师。

从学生视野看，残疾学生性别、障碍类别、障碍程度（损失程度）、入学管道、接受教育层次等变量影响了支持保障服务现况评定。具体如下：1. 残疾男生较残疾女生，20 岁以下的残疾学生较 20—25 岁残疾学生对课程与学业、学校适应、最少受限制环境等支持保障服务评定更佳。2. 三级与四级损失程度的残疾学生对课程与学业服务评定明显高于一级、二级损失程度的残疾学生。3. 入学前安置于普通教育学校的残疾学生在学校适应服务评定上优于入学前安置于特殊教育学校的残疾学生。4. 本科层次的残疾学生较专科层次的残疾学生，视障学生较听障学生，来自城镇的残疾学生较来自农村的残疾学生，单考单招入学的残疾学生较普通高考入学残疾学生对于支持保障服务现状的评价更高。

（四）教师和学生的不同背景变项对于支持保障服务现状（符合程度）评价具有预测作用

研究显示，教师所处的地域、职务、接触残疾学生年限等背景变项对支持保障服务现状评价具有预测作用，残疾学生障碍类别、家庭所在地、年龄、入学管道、性别、接受教育的层次等背景变项也对支持保障服务现状评价具有预测作用。

（五）不同背景变项的学生对于支持保障服务需求性不同

研究显示，残疾学生对于支持保障服务的需求性较高，各向度服务需求由高到低依序为最少受限制环境、课程与学业、转衔与就业、学校适应。不同背景变项的残疾学生对于支持保障服务的需求性有所差异，具体如下：1. 男生较女生，20 岁以下的学生较 20—25 岁的学生，大一年级的学生较大四、大五年级的学生，视障学生较听障学生，障碍损失程度一级、二级的学生较障碍损失程度三级、四级的学生对支持保障服务需求度高。2. 来自城镇的残疾学生较来自农村的残疾学生对课程与学业、学校适应、转衔与就业向度服务的需求度低。3. 单考单招入学的残疾学生对课程与学业服务需求高于普通高考入学的学生。此外，残疾学生障碍类别、性别、年龄对支持保障服务需求性具有预测作用。

二、展望

根据以上研究结论，本研究认为应从政策、管理、理念等方面全面建构支持保障服务，从而更好地支持残疾学生参与高等教育。具体对策如下：

（一）优化残疾人高等教育相关政策，政策制定系统化、多样化

目前残疾人高等教育领域政策除招生与就业外，尚未单独针对残疾大学生教育过程制定专门的政策，关于教育过程中支持保障服务规定多在其他高等教育或特殊教育的政策中以“条”或“段”的形式出现，导致残疾人高等教育领域教育入口到教育出口整体的政策内容都较为分散。同时，现有政策主题偏重于教育入口，对于教育过程关注明显不足，关于支持保障服务方面的规定尤为缺乏。因此，未来残疾人高等教育政策首先应追求系统化、多元化、均衡化，从教育入口到教育过程再到教育结果建构一体化的政策制度，为建构系统化的支持保障服务以及落实残疾大学生高等教育权益提供保障。其次，在制定政策时要基于残疾大学生教育的现实困境与所需支持进行具体分析，政府部门、教育部门、残联部门联合研制支持保障服务政策制度，根据需要解决的问题及教育政策的类型构建多层次政策机制。涉及全国性、方向性的问题，政策的制定和出台应注重教育改革和发展的宏观

目标，强调长期发展结果，使教育政策具有更长的生命周期和更大的效应；在具体和局部问题的政策上，应多考虑和注重及时性、针对性以及短期需求，强调短期效益，以形成协调的政策机制。最后，增加政策工具使用的灵活性和科学性。残疾人高等教育支持保障服务实施主体为高等学校，不同类型与发展层次的残疾人高等院校教育资源与条件存在较大差异，所面临的管理、师资、财务等问题也各有不同。由此，政策工具的使用和选择上应更灵活、科学，既要结合当地实际问题对政策工具的耦合度进行分析，也要根据政策问题的属性和政策目的进行合理的选择。支持保障服务应是一个动态的、持续的发展过程，在遇到各种具体矛盾和困难时，政策工具需要及时修改和调整以适应社会情景。

（二）完善制度保障与资源支持，夯实支持保障服务发展基础

一方面，完善残疾人高等教育领域的管理制度，设立专门的部门与专职人员统筹支持保障服务的建设，包括加大支持保障服务建设，深入探究支持保障服务建设目标与实施路径，提高服务人员的科学性与专业性，构建“需求评估—服务设计—实施服务—追踪服务效果”四步服务模式，同时允许差异性与多样化显著的残疾人基于障碍程度、能力基准、发展需求与所处环境等现实状况灵活选择服务范围、内容及强度，最终达到残疾人内在发展诉求与外在支持之间的平衡。另一方面，为支持保障服务建设与发展提供充足的经费与资源保障。继续加大建设或运作资助、项目资助、经费资助、文娱活动资助等四个方面资助，为场地建设、改善教学条件、购买设备设施、建设实验室、提供奖助学金和实习实践经费、建设创业基地、外出交流与学习、无障碍建设、就业保障等方面提供足够的资源。

（三）转变支持观念，提供赋能增权的支持保障服务

未来应在全校营造充分尊重残疾人的氛围，全面消除来自社会制度与结构、文化与态度等方面的障碍，努力扩大残疾人在学业发展、人际交往、职业发展等不同社会面向参与的空间。同时，所有的支持服务者需要积极转变残疾观，将“社会模式”作为残疾人工作的一种实践视野，在服务过程中对残疾人的关注焦点从问题和缺陷转向能力和优势，所构建的服务体系本质是赋能增权，旨在促进残疾学生全面发展和充当社会主流角色，服务者要主动批判性地审视自带的“慈善”“福利”等意识，松动、质疑被“合理化”“标准化”的社会标签，为残疾人创造层次多样、公平发展的空间。也就是从以缺陷为基础的服务观逐渐转向以权益为基础、以参与为目标的服务观，最大限度促进残疾人自立赋权，在不受歧视、平等的基础上实现教育权利。

（四）加强支持薄弱地带建设，建构教育入口到出口的支持保障服务

未来应从现有支持薄弱地带出发，基于支持保障服务内涵，从教育入口到出口全面建构科学、系统、高质的支持保障服务：其一，改革入学制度，提供残疾大学生多元入学机会。既包括协调与改革国内单考单招形式，尽快实现各招生高等院校统一考试科目与大纲、统一组织命题、统一考试时间、统一评分标准、统一录取等，也包括全面研究多元考试入学方式，增加对加试科目、特长生考试、注册入学、推免入学制度等考试形式的探索。其二，增强残疾人高等院校的专业建设，开放更多的融合性专业供学生选择，也就是根据残疾大学生特征、专业性质、就业市场等因素设置更加丰富、多样的专业与课程，多多积累融合教育办

学经验，以为满足残疾学生融合教育需求服务。其三，加强课程教学支持，推动服务制度化发展。学校需要重点关注残疾大学生课程学习困境，基于他们的需求构建相应的课程教学服务。课堂教学服务内容要足够广泛，包括通用教学设计、课程调整、课堂必要辅助技术支持、考试调整、课外学业辅导等方面，服务执行与实施也应有清晰、明确、具体的规定，不断推动课程教学服务制度化，以保障课程教学服务真正落实。其四，强化转衔与就业服务，提高残疾大学生就业服务品质。这包括三个方面的内容：1. 紧抓就业服务人员的培训工作，提高服务内容及形式的专业性。2. 增强残疾大学生职业知识与技能培训，提高残疾大学生职业素养。3. 开展个别化就业服务，既要做到服务内容个别化，分门别类设计支持服务资源及内容，也要注重服务的侧重点，重点改善残疾大学生需求度高但服务现况不佳的职业认知、职业评估、职业规划、资格考试等服务。其五，提升残疾大学生与普通师生人际沟通质量，加强残疾大学生人际交往辅导服务。高校既要向残疾大学生群体开设专门的、有针对性的人际交往相关课程，教导他们人际交往的方法、人际交往的知识与技能、如何提高交往的质量等内容。还要注重在课堂内外给予其社交协助。例如，鼓励残疾大学生打开心扉与普通师生沟通交往，关心残疾大学生人际交往与沟通状态，密切了解残疾大学生交流不畅的影响因素，及时帮助残疾大学生解决人际交往中的困惑等等。最后，完善辅助技术服务体系，提供科学与系统的服务。对此，学校应扩展辅助科技服务，注重辅助科技服务的系统性和完整性，构建辅助科技服务系统机制，包括辅助科技需求评估、协助获得辅助科技、教育与培训辅助科技的使用、追踪辅助科技使用效果并及时调整，以提升辅助科技服务的质量，同时切实关注教师的服务评价以及残疾大学生的服务需求，反思服务的供给，积极将服务领域由学习扩展到生活、工作、休闲、娱乐等领域，从而帮助残疾大学生在日常生活与学习中获得更多的自主性。

（五）关注残疾人高等教育支持保障服务，增强研究力度

未来应加大对残疾人高等教育支持保障服务研究，以更好地提升残疾大学生生活质量与学业成就，为其融入社会提供助力：第一，细化研究对象特征、扩大研究对象范围。本研究中教师访谈对象主要是来自残疾人高等教育领域的资深研究者、管理者及实践者，研究对象范围特征相对比较广泛。然而，残疾人高等院校种类众多，未来仍可进一步细化研究对象、扩大研究范围，基于残疾人高等院校办学历史、残疾人高等院校学校类型、残疾人高等院校招收障碍类型、教师研究专长等角度寻找更多的研究对象，以进一步充实研究结果。本研究中残疾大学生问卷调查对象以高等特殊教育学院的残疾大学生为主，不过残疾人高等教育办学类型还有随班就读、成人教育、远程教育等其他形式，故可将研究对象范围扩展，研究其他形式下残疾人高等教育支持保障服务情形。此外，本研究基于地域，立意取样视障学生与听障学生展开问卷调查。然而，残疾大学生分布范围遍布全国，就读高等院校的残疾学生类别亦多元。未来研究可基于残疾大学生整体分布情形，采取随机分层抽样方式做大范围的调查，研究不同地区、不同学校类型、不同障碍类别、不同障碍程度等不同背景特征的残疾学生对支持保障服务的认可度与需求度，力求研究结果更完整、全面，从而提升特殊教育服务质量。第二，深化研究主题。本研究中的支持保障服务主要包括组织运作、课程与学业、学校适应、转衔与就业、最少受限制环境等向度。未来可进一步深化拓展研究主题，将研究主题细化，加深、加广各向度内涵，系统探讨各大向度支持保障服务实施现状、服务效果、可改善之

处。或者开展追踪研究，追踪支持保障服务发展水平，借由教师和残疾学生对支持保障服务的反馈、满意程度及时调整资源分配，改善支持保障服务方案，提供更优质的支持保障服务。

图书在版编目（CIP）数据

残疾人高等教育支持保障服务探究 / 佘丽著 . 湘潭 : 湘潭大学出版社， 2024. 10. -- ISBN 978-7-5687-1605-5

Ⅰ. G769.2; G649.2

中国国家版本馆 CIP 数据核字第 20246W7F11 号

残疾人高等教育支持保障服务探究

CANJIREN GAODENG JIAOYU ZHICHI BAOZHANG FUWU TANJIU

佘丽 著

责任编辑：彭　瞻
封面设计：李　平
出版发行：湘潭大学出版社
社　　址：湖南省湘潭大学工程训练大楼
电　　话：0731-58298960 0731-58298966（传真）
邮　　编：411105
网　　址：http://press.xtu.edu.cn/
印　　刷：长沙鸿和印务有限公司
经　　销：湖南省新华书店
开　　本：880 mm×1230 mm 1/32
印　　张：6.125
字　　数：159 千字
版　　次：2024 年 10 月第 1 版
印　　次：2024 年 10 月第 1 次印刷
书　　号：ISBN 978-7-5687-1605-5
定　　价：48.00 元